12 SECRETOS PARA UNA FE QUE OBRA MILAGROS

DESAROLLE SU HABILIDAD PARA RECIBIR MILAGROS

VICTOR N. ALVAREZ

WestBow
PRESS
A DIVISION OF THOMAS NELSON

El texto Bíblico ha sido tomado de la versión Reina-Valera
© 1960 Sociedades Bíblicas en América Latina; © renovado
1988 Sociedades Bíblicas Unidas. Utilizado con permiso.
Reina-Valera 1960™ es una marca registrada de la American
Bible Society, y puede ser usada solamente bajo licencia.

Los libros de WestBow Press pueden ser ordenados en librerías
o contactando directamente WestBow Press Division de Thomas
Nelson en las siguientes direcciones o número de teléfono:

WestBow Press
A Division of Thomas Nelson
1663 Liberty Drive
Bloomington, IN 47403
www.westbowpress.com
1-(866) 928-1240

Debido a la naturaleza dinámica del internet, alguna de las
direcciones de la página web o alguna otra conexión contenida
en este libro pueden haber cambiado desde su publicación y no
ser válida. Los puntos de vista expresados en este libro vienen del
autor y no necesariamente reflejan los puntos de vista del editor y
el editor por este medio no se hace responsable por los mismos

ISBN: 978-1-4908-1644-9 (sc)
ISBN: 978-1-4908-1645-6 (hc)

Número de Control de la Biblioteca del
Congreso de EE.UU.: 2013921398

Stock fotos son de Thinkstock.

Impreso en los Estados Unidos de Norteamérica

WestBow Press fecha de revisión: 12/17/2013

VICTOR N. ALVAREZ *foto, promocional*.

Victor y Jim Alvarez predicando via
radio en Costa Rica (ca.1986)

ÍNDICE

AGRADECIMIENTOS

En primer lugar, me gustaría dar las gracias al mejor contribuidor en la producción de este libro. Por supuesto que estoy hablando del Espíritu Santo, sin cuya revelación, guía y orientación sobre la secuencia de los capítulos hubiera sido imposible producir este libro. Gracias, Espíritu Santo, y a Dios sea la gloria.

También me gustaría dar las gracias a Rachel Alvarez, mi hija, ya que sin su aportación y observaciones en la revisión de los manuscritos, habría sido casi imposible de completar este libro en su formato actual. Gracias Rachel estoy agradecido.

También me gustaría dar las gracias a Cristian Bermúdez por su inestimable contribución a la revisión de la edición y el léxico de los manuscritos. Le estoy inmensamente agradecido por su paciencia y su comprensión, las cuales me ayudaron en la producción del libro.

También me gustaría agradecer a mi hijo John Alvarez, por su contribución en la redacción de los manuscritos. También quiero agradecer a Darrin L. Williams por su contribución en la redacción del localizador de las referencias y versiones bíblicas usadas en este libro.

Estoy totalmente agradecido a las personas mencionadas anteriormente y doy gracias al Espíritu Santo por ponerlos en mi vida en el momento y las circunstancias apropiadas.

Atentamente,
El autor,

DEDICACIÓN

Con todo mi amor dedico este libro a mi Señor Jesús, a quien le debo todo. Sin su sacrificio no tendría salvación o la revelación del Espíritu Santo para hablar sobre el tema. Doy gracias al Señor por su misericordia y gracia que permanecen para siempre.

En segundo lugar Dedico este libro a los lectores. Pueden ser de diferentes nacionalidades, diferentes niveles de educación, diferentes estatus sociales, pero todos tienen una cosa en común, es que tienen hambre de la Palabra de Dios. Que este libro sobre la fe le sea una bendición para usted y que puede ayudarle a satisfacer su hambre espiritual.

El autor

Reunion de Auditorio Miami, Fl. (ca.1995).

PREFACIO

Estimado lector:

Es mi más ferviente oración que este libro "12 Secretos para una fe que obra milagros" también sub-titulado "Desarrolle su habilidad para recibir milagros pueda dar lugar a un crecimiento espiritual revolucionario en su comprensión de la fe y su habilidad para recibir milagros.

Quiero felicitarlo por la adquisición de este libro, porque, esto es una indicación de que usted está realmente tratando de aprender más acerca de la fe.

La Biblia nos dice en Hebreos 11:6, que *'sin fe es imposible agradar a Dios'*. Con el fin de tener a Dios contento con usted, usted no necesita una buena reputación, dinero, nobleza, o un nivel alto de educación. Todo lo que necesitas es tener un poco fe, a la antigua.

Tu fe capturará la atención de Dios. Él está dispuesto a dialogar contigo si tienes fe. Nada puede darte gracia delante de Dios como un poco de fe puede, aunque sea tan pequeña como una semilla de un árbol de mostaza. Deberías probarlo porque si funciona.

Ahora, a pesar de que este libro es una visión resumida de la fe, hemos intentado que sea lo más profunda posible, espiritualmente, bíblica y con una aplicación práctica en la vida diaria. No pretendemos que, este libro, pueda ser considerado como un tratado teológico sobre el tema, sino que debe tomarse como una guía introductoria sobre el tema de la fe.

Quizás tú apenas ha sido expuesto a la materia, pero en el fondo de tu corazón deseas obtener más información al respecto porque, tú necesitas un milagro de Dios y lo necesitas ahora.

Si éste es tu caso, entonces este libro ha sido escrito pensando en ti.

Espero que este libro bendiga tu vida y sea una guía en tu viaje hacia la tierra de los milagros, el lugar donde Dios reina.

Atentamente,
El Autor

Predicando por Radio en Costa Rica (ca.1986).

RENUNCIA

Nosotros, el autor, la editorial ni los agentes de ventas de este producto, no garantizan de ninguna manera o forma que todo aquel que entra en contacto con el contenido de este libro, recibirá un milagro de Dios. La respuesta a las oraciones está enteramente en la discreción de Dios. Sólo Él conoce los entresijos del corazón humano y la complejidad de las circunstancias que rodean la vida de la persona que busca un milagro.

Algunos recibirán sus milagros y otros no. La respuesta puede que sea un "No", pero no un no final, sino más bien un "No, ahora no. De momento no."

En definitiva, la respuesta a tu solicitud está en sus manos y en las de nadie más.

Si recibes tu milagro, alaba al Señor. Si no lo recibes no te desanimes. Él sabrá cuando es el momento apropiado para responderte.

A MODO DE
INTRODUCCIÓN

Yo, Víctor Álvarez, he escrito este libro como una expresión de mi experiencia personal con el Dios de milagros.

Después de viajar extensamente por miles de millas a través de muchos países y estados, y predicando el evangelio "a toda criatura," por radio, televisión, bajo una carpa, al aire libre, en las iglesias, cárceles y auditorios, he atestiguado el poder de Dios en efecto mientras obraba milagros para todo tipo de personas.

En mi experiencia ministerial, he descubierto que el denominador común de las personas que recibieron un milagro era que tenían fe. "Sin fe es imposible agradar a Dios", dice el libro de Hebreos 11:6.

Es con la convicción y la seguridad, tanto del testimonio de las personas que ejercieron su fe, así como mi propia experiencia personal, usando la fe para recibir milagros del Todopoderoso, que he decidido derramar mi experiencia en este libro.

Este libro,"12 SECRETOS PARA UNA FE QUE OBRA MILAGROS "también sub-titulado" "DESARROLLE SU HABILIDAD PARA RECIBIR

MILAGROS" es una forma compacta de las muchas conferencias y mensajes que he dictados sobre el tema de la fe.

Yo creo que tu comprensión de lo que es la fe, y los principios que rigen el ejercicio de ella serán decisivos en el desarrollo de tu fe y, en consecuencia, en los milagros que recibirás de parte de Dios.

Predicando Guatemala bajo la carpa (ca.1987)!

LA FE TIENE UN PRE-REQUISITO

No se puede tener una fe verdadera a menos que hagamos un compromiso con Dios. Con esto queremos decir que cuando nos acercamos a Dios en busca de un milagro debemos creer, en primer lugar, que hay un Dios.

En el libro de Hebreos leemos que *'todo aquel que se acerca a Dios" debe creer que Él es y Él es galardonador de los que le buscan'* (Hebreos 11:6 - Versión Amplificada).

Debemos creer que Él es nuestro Creador y Padre, que envió a su único amado Hijo Jesucristo a morir en el Calvario para la redención de la humanidad.

También debemos creer que Jesús resucitó de entre los muertos al tercer día y ascendió a los cielos. También, que Jesús es el único camino al Padre. Debemos aceptar a Jesús como nuestro Señor y Salvador personal.

¿Crees esto? ¿Estás dispuesto a aceptarlo como tu Salvador? La Biblia dice que si crees con todo tu corazón y confiesas con tu boca, serás salvo.

Otro texto de la Biblia dice: *'Bienaventurados... son los que le buscan con todo el corazón'* (Salmo 119:2 b).

Ahora, vamos a ir a su presencia por medio de la oración. Repita en voz alta:

ORACIÓN DE SALVACIÓN

"Querido Padre que estás en el cielo, me presento ante ti para decirte que lo siento por mis pecados. Quiero que me laves en la sangre de tu amado Hijo Jesucristo, que murió por mí en la cruz. Acepto el pago por mis pecados y lo recibo como mi Señor y Salvador. Yo declaro que voy a vivir para él a partir de hoy. Declaro que soy una nueva criatura y que yo he nacido de nuevo. Muero para mi vida pecaminosa y estoy dispuesto a vivir para ti desde hoy en adelante. En el nombre de Jesús, Amén."

Felicitaciones mi amigo si usted repitió esta oración, porque esta es la oración de salvación. Esta experiencia constituye el milagro más grande que puedes recibir. Los otros milagros son pequeños en comparación.

Después de todo, estamos hablando de conocer a Dios, a nivel personal, y que tu no tendrás que pasar la eternidad en el lago de fuego. En su lugar, tú vas al cielo, donde pasarás toda la eternidad con Dios. Gracias a Dios por su salvación. Amén. ¡Alabado sea el Señor!

Ahora que has cumplido con el pre-requisito de la fe, estás listo para continuar con el tema de la fe. Ahora bien, Dios sabe que no lo estás buscando, porque sólo quieres un milagro de Él, sino porque lo amas y tienes una relación con Él. Tienes todo el derecho de participar de sus bendiciones y riquezas, que es *"el pan de sus hijos"*. Ahora, sin más preámbulos vamos a entrar en el tema.

Servicio de Bautismo en Houston, Texas (ca.1984).

A los efectos de la meditación Lee el siguiente poema:

UNA VISIÓN DE LA CRUZ

Por primera vez en mi vida
Mis ojos se abrieron
Tuve una visión de Cristo colgado en la cruz
Muriendo por nosotros, por ti y por mí.

Me rompió el corazón al verlo allí.
Vi su rostro Sangriento y desfigurado
Vi su cuerpo salvajemente mutilado
La superficie de su piel zaherida así.

Sus manos y pies enclavados en la cruz
Vi la agonía y desesperación de Jesús.
Su cuerpo descuartizado colgando en el madero
Pagando por pecados que no cometió

Sufriendo el castigo, llevando el dolor
Oh, sí que lo vi llorar al Padre
Sus lágrimas contenían su amor y cuidado
Mientras la corona de espinas hería a su frente.
La sangre brotaba, con un dolor vehemente
La multitud enardecida, insultábale indolente
Vi al Príncipe de Paz muriendo tan inquieta muerte

El curador por excelencia, consumido por las dolencias
Al autor de la Vida sujeto a la muerte
Lo vi susurrando a su Padre y decía:
"No les imputes este pecado, no saben lo que hacen"
"Consumado es" dijo y terminó su agonía

Gracias Querido Padre por la salvación
Yo no tengo que ir al infierno, al cielo voy
Gracias Señor por la reconciliación
Tu favor y tu gracia en Cristo he encontrado

Autor:
Victor N. Alvarez

Servicio Evangelístico, Guatemala (ca.1987)

UNA DECLARACIÓN DOCTRINAL DE FE

(Repítase En Voz Alta)

Yo declaro que creo en Dios, nuestro padre celestial. Creo que en un tiempo determinado, envió a su hijo Jesús para ser el sacrificio perfecto y derramó su sangre en la cruz del Calvario para el perdón de nuestros pecados, nuestra sanidad y la prosperidad enviadas por Dios. Creo que Jesús fue resucitado de la tumba al tercer día, y poco después ascendió a los cielos, donde está intercediendo por todos los creyentes. Creo que Jesús derrotó al diablo y el imperio de la muerte, y ahora tiene las llaves del infierno y de la muerte. Los que por fe han aceptado a Jesús se guardan y se han convertido en una nación de sacerdotes *dedicados totalmente a* **su servicio. Yo creo que** Jesús envió a su Espíritu Santo para morar en su iglesia y que la iglesia tiene el poder de hacer los mismos milagros, señales y prodigios que hizo Jesús, porque Él es el mismo ayer, hoy y siempre. Creo que la Biblia es la Palabra inspirada de Dios, para el bien guía e instrucción de toda la humanidad.

Yo creo que Jesús volverá por segunda vez con al sonar de la trompeta y recogerá a su iglesia. A su regreso, los muertos en Cristo resucitarán, y los que estén vivos serán transformados en un cuerpo glorificado en un abrir y cerrar de ojos. Y así, estaremos con el Señor para siempre. Declaración Doctrinal, hecha de acuerdo con la palabra de Dios.

Ministrando en El Altar!
Houston, Texas – USA (ca. 1995).

Secreto I

LA FE NO ES ASENTIMIENTO MENTAL

Qué quiero decir cuando digo asentimiento mental? Quiero decir que con mi mente digo "Sí, es posible que Dios puede hacer un milagro", sin más comentarios, sólo se queda en eso.

Como se puede ver, esto es sólo una aprobación de la mente sobre la posibilidad de que Dios puede realizar milagros. Asentimiento mental es sólo la primera etapa en el viaje a la Ciudad de los Milagros. Tener asentimiento mental significa experimentar una creencia con la mente.

Pero esa creencia no va lo suficientemente profunda dentro de mi corazón, para que se produzca un milagro en mi vida. El libro de Proverbios dice: 'Porque de él (el corazón) mana la vida' *(bendiciones, mil*agros*)* (Prov. 4:23).

Esto significa lo siguiente. Por ejemplo, supongamos que tú te enfermas, muy enfermo, y no importa lo que hagas tu situación empeora. Y te das cuenta de que sólo un milagro de Dios podría sanarte. Te das cuenta de que un tipo más profundo de fe es necesaria. La aprobación de tu

1

mente acerca de la posibilidad de que Dios puede sanarte. No será suficiente para recibir un milagro. Por lo tanto, tu vas a un nivel más profundo de tu fe y ahora, involucras a tu corazón en la creencia de que vas a recibir un milagro

Tú comienzas a confesar las promesas de Dios con respecto a la curación y esperas que Dios te sane. Ahora estas creyendo no sólo con la mente, sino también con tu corazón, y tienes la certeza de que Dios hará un milagro Has ido más allá de las limitaciones del asentimiento mental. Si tal es el caso, "porque de él (el corazón, el espíritu) mana la vida (curación)" se ha cumplido.

La Biblia dice en Romanos 10:10: '*Porque con el corazón se cree para salvación*'. (Cuando la Biblia dice, "*con el corazón*", también significa "*el espíritu*").

Dios es un espíritu, para la relacionarse con Él debemos relacionarnos en el plano espiritual.

La Biblia dice que Dios '*creó al hombre a su imagen*' (Génesis 1:26), la imagen de Dios en el hombre es el espíritu. Esta es la razón por la que Dios, además de darle un cuerpo y *un alma*, Él también le dio *al hombre un espíritu*. Así que el hombre es un espíritu, que tiene un alma y vive en un cuerpo. El hombre utiliza su cuerpo para relacionarse con el mundo físico, usa su alma (el depositario de su vida, la voluntad, las emociones y el intelecto), que a través de los sentidos se relaciona con el mundo físico y *natural*, y con *su espíritu* el hombre puede relacionarse con el mundo espiritual. Es importante entender que el mundo espiritual es tan real como el físico aunque invisible para el ojo humano.

Dios busca 'adoradores que le adoren en espíritu y en verdad' (Juan 4:23).

Por lo tanto, podemos concluir que, con el fin de recibir un milagro, uno no sólo debe dar su asentimiento mental *(alma),* pero también hay que creer con el corazón *(espíritu).*

¿Estás listo para ir más allá de tu inteligencia, tu mente, y creer con el corazón? Si ese es el caso, vamos a ir más allá de la segunda etapa en el camino hacia la Ciudad de la Fe, donde recibirás tu *milagro.*

Para ejercitar tu fe, quiero que declares voz alta:

"Declaro que creo en Dios. También creo en Jesús. Él es mi Señor y Salvador. Creo que Él murió para pagar por mis pecados y que por sus llagas he sido sanado. Yo declaro que creo no sólo con la mente sino también con todo mi corazón en Él y en Su Palabra. Creo que todas sus promesas son verdaderas. Yo declaro que Su gracia y favor están operando en mi vida, y que Él ha hecho provisión sobrenatural para todas mis necesidades. Declaro que todas las bendiciones de Dios están sobre mí y que este día es un día bendito, En el nombre de Jesús, Amén y Amén."

Reunión al aire libre en Guatemala (ca.1987).

SECRETO II

LA FE ACTIVA LOS SENTIDOS ESPIRITUALES

El hombre tiene dos dimensiones: una es terrenal, o física. Ésta se relaciona con el entorno natural: el sol, la lluvia, la comida, etc. Es en esta dimensión que el hombre interactúa con su entorno, con la tierra.

La otra es espiritual, el hombre es un espíritu que tiene un alma y vive en un cuerpo. Para relacionarse con el entorno natural, ó reino físico, el hombre utiliza sus sentidos: el tacto, el olfato, la vista, el gusto y el oído. Pero, para relacionarse con el mundo espiritual, él usa sus sentidos espirituales, que son una parte de su cuerpo espiritual. Estos corresponden a los sentidos naturales, pero operan en el reino espiritual.

Para operar en el ámbito físico la mente activa sus *órganos físicos - los ojos, la nariz, las manos, la boca y los oídos.*

Del mismo modo, el espíritu tiene *sentidos espirituales* para relacionarse con el *mundo espiritual.* Estos pueden ser activados por la fe. Por lo tanto, *el hombre puede operar en ambos reinos.*

Jesús mismo lo *explica* en Lucas 16:19-31, la parábola del hombre rico y Lázaro. Lázaro era un mendigo y el hombre rico disfrutaba de todo en la vida, y murieron ambos y se fueron al paraíso. En el paraíso había una gran división y el hombre rico fue a las profundidades de la desesperación en el infierno y Lázaro fue al lugar de los justos. El hombre rico era atormentado por el fuego del infierno y seguía sintiendo el calor y la sed que viene junto con los tormentos del infierno.

El hombre rico le pidió a Dios que envíe a Lázaro a mojar la punta de su lengua con agua, porque no podía aguantar más. Así, vemos que los sentidos del espíritu están siendo utilizados incluso más allá de la muerte. A pesar de que sus cuerpos estaban muertos y sus órganos físicos no estaban funcionando, se puede ver que sus sentidos espirituales estaban funcionando

Ahora, ¿qué tiene esto que ver con la fe?

La Biblia dice en Hebreos 11:6 *'Es pues la fe la certeza [la confirmación, el título de propiedad (parafraseando según el autor)] de las cosas que esperamos siendo la prueba de las cosas que no vemos y la convicción de su realidad'*. Lo que esperamos son *milagros*. *La fe* nos da la seguridad, la convicción, la certeza, de que lo que estamos esperando - los milagros que esperamos - ya son una realidad, a pesar de que no los vemos o percibimos con nuestros ojos físicos.

Nosotros no los vemos con nuestros sentidos corporales, y, sin embargo, *por la fe, las percibimos como un hecho concreto.*

Por la fe, podemos tocar y ver y aceptar su realidad y esperar la manifestación de ella en el reino físico. La fe es como un título de propiedad, un certificado de propiedad, una prueba de que estamos en posesión de un milagro, incluso antes de que se manifieste en el mundo físico. Para demostrar que soy dueño de una casa no tengo que caminar llevándola sobre mis hombros.

Es suficiente que yo presente mi certificado de propiedad a quien le interese y por lo tanto demostrar que soy el dueño de la propiedad.

Por la fe, declara tu milagro como una realidad. Muéstrale al diablo tu certificado, tu título, tu escritura, y dile de que tienes tu milagro por la fe.

Tu fe es tu título, tu escritura de una curación, un coche, una casa, un trabajo, la salvación de un hijo ó una hija, ó lo que sea que necesites del Señor.

Sólo podemos experimentar esto con nuestros sentidos espirituales a través de la fe.

Por la fe, Abraham, al ser casi 100 años de edad, se convirtió en padre. Era casi como si estuviera muerto, y a través de sus hijos se convirtió en un *'padre de muchas naciones'* (Génesis 17:4-5).

Los ángeles vinieron a visitar a él y a su esposa, Sarah, para anunciarles que iba a concebir un hijo en un año. Élla se echó a reír al principio. Debió de pensar que Dios tenía un sentido del humor a causa de la edad que tenía. ¿Cómo podría ella, siendo tan vieja, concebir un hijo? Pero, *'por la fe élla recibió fuerza en su vientre para concebir'* (Roma.4:19). Después de un año, dio a luz a Isaac a pesar de que élla estaba mucho más allá de la edad para tener hijos. Recuerde que ella tenía 89 años cuando tuvo a Isaac.

Por la *fe*, Abraham recibió la tierra prometida. La Biblia dice que solía residir la tierra como extranjero y ni siquiera tenía un terreno propio para enterrar a sus seres queridos porque la tierra pertenecía a otra nación.

Sin embargo, él creía que Dios le iba a dar el territorio; confiando en la promesa de Dios, solía saludar a la tierra desde lejos esperando poseerla. Él y sus descendientes finalmente la poseyeron.

Por la fe, Moisés tiró su vara delante de *Faraón y se convirtió en una serpiente.* Cuando los hechiceros del rey reprodujeron el milagro, la serpiente de Moisés se tragó las otras serpientes. *Faraón* se sorprendió al ver el poder del Dios de Moisés y tuvo que entender que él estaba tratando *con un Dios que era muy superior a sus dioses.*

Por la fe, Moisés obró las diez plagas de Egipto. Dios le dijo a Moisés que fuera y se encontrara con el Faraón en el río Nilo. Entonces, Moisés dijo a Faraón el mensaje de Dios: "Deja ir a mi pueblo conmigo al desierto para que me sirva. Sin embargo, tú no has escuchado." "Por lo tanto, ha dicho el Señor" para que sepáis que Jehová existe ó es. Moisés dijo: *'Voy a tocar el río con mi vara, y el agua se convertirá en sangre, todos los peces morirán, el río va a apestar y los egipcios tendrán náuseas si fueran a beber el agua'.* *Y sucedió que ocurrió como Moisés dijo* (Ex.7:14-25). En este punto, Moisés er a tan fuerte en su fe, que él sabía que Dios le iba a honrar de tal modo, que Dios haría lo que *Moisés dijese Se dio cuenta de que él y Dios estaban trabajando juntos para producir las diez plagas.*

Una tras otra, *Moisés* obró las 10 plagas, pero el corazón de *Faraón* se endureció, y después de cada plaga, no le prestó atención al mensaje de Dios. Dios usó a Moisés para traer el juicio sobre Egipto por la plaga de convertir el *río Nilo en sangre, la plaga de ranas, la plaga de piojos, la plaga de las moscas, la del ganado muerto, la de los forúnculos, la del granizo que los dejaron inmóviles, y la plaga del fuego, la de las langostas, la plaga de las tinieblas, y finalmente, la plaga de la muerte del primogénito en cada familia* (Ex.8-11, 12:29-30).

Cada vez, Dios le advirtió a *Faraón*, pero él se endureció hasta que finalmente se *rindió* y se comporto de acuerdo con la voluntad *de Dios* y su poder. Así pues, por la fe *Moisés* liberó a la nación de Israel después de 430 años de esclavitud. Hubiera sido tan sólo *400 años*, como Dios había prometido a Abraham (Génesis 15:13).

Sin embargo, en el *año 390 Moisés*, inesperadamente, tomó el asunto en sus propias manos y tratando de proteger a su prójimo, mató a un guardia egipcio, lo que provocó que se fuera al *exilio por 40 años a la tierra de Madián* (Éxodo 2:12-15). Sabía que estaba llamado a dirigir a los Hijos de Dios de Egipto, pero no era el momento todavía. Así que, *por su fracaso, la época del éxodo se retrasó 30 años.*

Cuando el *Faraón* vio que sus esclavos se habían ido, se preguntó quién iba a construir sus templos, estatuas y edificios cívicos, y él cambió de opinión.

Él decidió, tomar su ejército, e ir tras la nación de Israel y traer de vuelta a sus esclavos (Éxodo 14). Cuando Moisés vio al ejército que se acercaba, se dio cuenta que tenía que actuar rápido. El problema era que tenía el Mar Rojo delante de éllos y no había manera de que *los 2.5 millones de personas y sus posesiones (según algunos Teólogos) (ganado, joyas, etc.) pudieran cruzar el Mar Rojo, a menos que Dios hiciera un milagro.* Imagínate a ti mismo en una situación similar, con miles de soldados y sus carros que se les acercaban rápidamente. Si los alcanzaban, éllos iban a ser devueltos a la esclavitud. Pero Moisés confió en Dios!

Por lo tanto, tomó su vara en una mano, y con la otra, dividió el Mar Rojo. Se dividió en dos paredes de agua, y el pueblo de Israel cruzo el Mar Rojo como por tierra seca en el camino que se había formado entre las paredes de agua.

Se podía ver físicamente el agua en suspensión en el aire. Los peces seguían moviéndose en el agua como si fuera normal, pero los israelitas también veían al Faraón y su ejército que seguían tenazmente acercándose hacia ellos. Sin embargo, el milagro había ocurrido, y el pueblo se apresuró a cruzar a través del Mar Rojo. No tardaron en llegar al otro lado lo que significa que en un corto tiempo, estarían totalmente seguros.

Pero el Faraón había decidido que iba a usar el milagro para su propio beneficio y ordenó a su ejército a actuar con rapidez y detener a sus esclavos.

Cuando el faraón estaba a punto de alcanzarlos, y los israelitas estaban a punto de terminar de cruzar el Mar Rojo, de repente, las aguas detrás de los israelitas se fueron cerrando hasta que las paredes de agua colapsaron, *y el Faraón y sus carros se ahogaron en las aguas del Mar Rojo.* Su violencia, y sus planes para volver a esclavizar a los israelitas perecieron con ellos. No había más esclavitud para los israelitas. Eran libres al fin. *Sus enemigos habían sucumbido al poder de su Dios, Jehová. Por la fe, Moisés percibió lo que Dios iba a hacer y actúo en consecuencia. Por lo tanto, el pueblo de Israel se salvo en ese día.*

Sea cual sea tu necesidad, cualquiera que sea el milagro que necesitas, sea cual sea tu Mar Rojo, por la fe, lo cruzaras. *Dios va a dividir las aguas y pasaras a través de ellas como en tierra firme.*

Por la fe, David derrotó al gigante Goliat.

Permítanme compartir con ustedes algunos datos sobre los gigantes.

Los estudiosos de la Biblia le llaman los *Nefilim*. En el Antiguo Testamento, la referencia más antigua que tenemos de los gigantes es en Génesis 6:1-6. Eran hombres de gran estatura que tenían desde 8 a 12 pies de altura. Éllos eran considerados como formidables guerreros y hombres de valor como en Gen 6: 1-6. Se nos dice que los gigantes eran una *raza híbrida* de *humanos que eran la descendencia resultante de la unión sexual de las "hijas del hombre" y los "hijos de Dios".* Este término (Hijos de Dios) se refiere a los ángeles caídos que, faltando el respeto a los límites establecidos por Dios, *violaron su propia naturaleza sexual y engendraron hijos con los humanos.*

Este fue un intento *del diablo y sus ángeles para corromper el linaje mesiánico,* por medio del cual el Salvador iba a nacer. Es por eso que el objetivo, eran 'las hijas del hombre'.

Dado que los ángeles eran corruptos debido a su naturaleza caída, después de haber sido aliados de Lucifer en *su rebelión contra* Dios, crearon un sistema de religión que incluía la i*dolatría* y buscaban glorificar al *diablo, mediante la adoración religiosa.*

Su religión incluía, *la brujería y la hechicería y lo oculto acompañado por rituales de perversión sexual que contaminaron a cuantos seres humanos, o culturas, que cayeron bajo su influencia. Por lo tanto, muchos pueblos y culturas de su tiempo fueron presa de la influencia satánica, y dejaron de adorar al Dios verdadero,* o por lo menos mezclaron la adoración al Dios verdadero con el sacrificio humano y la prostitución en los templos.

La población de gigantes era muy numerosa. Los había de seis dedos en los pies y las manos. Y algunos mutantes tenían un solo ojo. Esto lo vemos reflejado en las leyendas posteriores de la mitología griega. Tal era su estado de proliferación que ponían a la raza humana en calidad de *minoría.*

Tal era el estado de cosas que Dios en su corazón arrepentido de haber creado al hombre, sentía especialmente triste por la conducta de los seres híbridos, que de continuo era solamente el mal. Como una forma de juicio, Dios decidió limitar la edad del hombre a 120 años y también enviar el Diluvio debido a que '*solamente el mal estaba en el corazón y el propósito del hombre*' (Génesis 6).

'Hasta *ese momento, las plantas se regaban por el roció que se desprendía de la tierra*' (Gen 2:6), pero el *sistema ecológico iba a ser cambiado.* En cambio, el agua iba a venir de los cielos. Esto comenzó con el Diluvio. La lluvia era tan abundante y tan poderosa cual los hombres nunca habían visto antes.

Noé se salvó, junto con su familia, de la muerte en *el Diluvio. Él predicó durante 100 años mientras construía el arca.* Sus compatriotas no le creyeron, sino que lo llamaban *loco*, porque nunca habían visto la lluvia caer, solo veían a la neblina subir. *Tampoco habían visto un barco como el de Noé que fue una construcción en medio del desierto con ningún cuerpo de agua que lo rodeara.*

Los vecinos de Noé se sorprendieron cuando vieron *la lluvia* caer y tuvieron miedo. Probablemente trataron de correr hacia el arca para ponerse a salvo, pero ya era demasiado tarde, *pues el mismo Dios había cerrado la puerta.*

En este punto, comenzó el juicio. Pero a causa de su fe, y porque no se habían contaminado con los ángeles caídos de su generación, Noé se salvó. Sin embargo, el resto de la población mundial, incluidos los Nephilim, fueron borrados y perecieron bajo el agua.

Como una conjetura, es probable, que después de la inundación, otro flujo de los ángeles caídos se produjo y en su mezcla con las mujeres humanas, engendraron a los gigantes de nuevo.

En Sodoma y Gomorra estaban *pervertidos.* Al ver los ángeles que vinieron a visitar a Lot el pueblo pidió ir tras '*carne extraña*' (Judas 1:7), por esto se entiende que esta frase se refiere a los cuerpos de los seres celestiales encarnados.

Uno de los descendientes de los gigantes era Goliat. Según la descripción de la Biblia tenía unos 9 pies y 9 pulgadas de alto. Él era un guerrero experimentado. Desde hacía más de un mes, que ponía en entredicho al ejército de Israel, pidiendo le que le dieran un hombre para que pelease con él, pero nadie se atrevía a hacerlo.

Pero se introdujo al héroe *David, y las cosas cambiaron.*

El había ido a visitar a sus hermanos que estaban en el ejército. Oyó el desafío del gigante y de inmediato decidió que quería dar respuesta al desafío. David era un adolescente, y de altura un poco más de 5 pies. Cuando trató de ponerse las ropas de los soldados, no podía llevarlas porque era demasiado pesada para él. *Por el contrario,* Goliat era un guerrero intimidante, posiblemente pesaba más de 400 libras. Tenía un casco especial y espada adecuado a su estatura. Él estaba muy seguro de su estatura y habilidad.

Desde la perspectiva natural, esto era altamente unilateral. No había ningún medio físico o natural con el que David pudiese vencer al gigante.

Cuando el *rey Saúl* se enteró de las intenciones *de David*, trató de disuadir a David, *pero David insistía aun más en pelear con el gigante Goliat*. Estaba seguro de que su Dios era más grande que el filisteo, y que en el nombre de Jehová iba a derrotar al gigante.

Cuando David vio la respuesta del ejército israelita hacia Goliat, les preguntó en un tono que hizo gala de su intolerancia de los comentarios del Gigante y sintiendo la humillación que el pueblo de Dios estaba sufriendo. Él dijo: '*Porque ¿quién es este filisteo incircunciso, para que provoque a los escuadrones del Dios viviente*' (1 Samuel 21:26). En este punto, David estaba listo para la batalla con el gigante.

Lo más probable es que, *por tradición oral*, David había oído hablar de los gigantes, sus prácticas religiosas y lo que ellos representaban. *Sabía el tipo de enemigo con el que tenía que luchar, pero también sabía cuánto mayor era su Dios.*

Así que, él creía que el Señor le entregaría al gigante en sus manos.

David había visto la mano de Dios dándole una fuerza sobrenatural, el mismo poder que *Sansón había demostrado contra los filisteos.* David solía luchar contra *las bestias salvajes*: '*leones y osos, y él había sido capaz de matarlos para proteger a sus ovejas*' (1 Samuel 17:46). ¿Cuánto más iba a hacer con el fin de defender el nombre de Dios y su honor?

De manera similar, pensó, Dios seguramente le permitiría matar al gigante. Él lo mencionó al rey. Así, el rey estuvo de acuerdo y lo dejó luchar contra el gigante.

Finalmente, se dispuso a combatir con el gigante. Tomó su honda y cinco piedras. La primera piedra le disparó golpeó al gigante en la frente y le hizo derrumbarse. De acuerdo con las leyes de la física, la piedra habría tenido que viajar a una velocidad de 50 kilómetros por hora, y lo golpeó en el lugar correcto para ser letal. Cuando David tiro la piedra no era no sólo su fuerza, si no el poder de Dios detrás de ella. Por su acto de fe, la piedra no solo viajo más allá de las limitaciones naturales, sino que estaba envuelta con el poder de Dios. Ya no era la habilidad de David, sino el poder de Dios que se había hecho cargo. *David y Jehová estaban trabajando en equipo para derrotar a su enemigo común. Fue la intervención de Dios que causó que la acción natural de David se convirtiese en una acción sobrenatural.* Así, David hizo que el gigante se derrumbase, y entonces, tomó la espada del gigante y le cortó la cabeza. El mató al gigante en ese día y ganó una gran victoria para su nación (1 Samuel 17:46).

Fue *su fe lo que lo llevó a la victoria.* Del mismo modo, tú puedes vencer a los gigantes en tu vida o en tus circunstancias, si tú utilizas tu fe.

¿Cuál es el gigante en tu vida? ¿Es el gigante de la deuda ó finanzas? ¿Es el gigante de la enfermedad? ¿Es el gigante de un mal hábito ó una adicción? ¿Es la depresión ó la soledad el gigante con el cual batallas? ¿Podría ser un deseo de cometer suicidio? Tal vez es una debilidad por la inmoralidad sexual. Tal vez estás avergonzado de que estás en la cárcel, ó lo has estado en el pasado. ¿Es una mala reputación que te está rondando donde quiera que vas? Sea lo que sea, puedes obtener la victoria sobre dicho gigante, ahora, por la fe en el nombre de Jesús. Recuerda que Sus promesas son verdaderas y que son para ti. Amén.

Haga la siguiente declaración de fe para aplicar este secreto:

"Declaro que, por la fe, voy a recibir mi milagro. No importa el tamaño de mi problema, mi Dios es mayor que él. Declaro que yo vivo por fe y no por vista. Aunque mis ojos físicos no lo pueden ver, creo que tengo mi respuesta, porque Dios es todopoderoso, es poderoso, él es fiel a su palabra y Él me ama. Gracias, Señor, por haber derrotado a mi enemigo, el gigante de _____.
Gracias, Señor, y te doy toda la gloria. Amén."

LA FE TIENE DOS TIPOS DE RESULTADOS: MILAGROS INSTANTÁNEOS Y MILAGROS PROGRESIVOS

La mayoría de los milagros realizados por *Jesús* durante su ministerio terrenal fueron *instantáneos*. Los evangelios están llenos de éllos. En este momento, quiero que consideremos un caso en particular, como un ejemplo de un *milagro progresivo*.

Según Marcos (8:22-26), ocurrió en el poblado de 'Betsaida'. El nombre significa *'Casa de los pescados'*. Era un pueblo dedicado a la industria pesquera. La vida transcurría tranquilamente allí, excepto cuando Jesús la visitó por primera vez. Hubo una gran conmoción cuando la multitud se llenó de emoción al presenciar las obras milagrosas de Jesús.

Jesús, el Mesías, (también llamado Yessuah) y sus discípulos decidieron darle una segunda visita para predicar el Evangelio, curar a los enfermos, y para liberar a los oprimidos del diablo. En esta ocasión, la ciudad estaba viva. Había emoción en el aire, ya que estaban esperando los milagros que Jesús muy probablemente llevaría a cabo entre ellos.

Para empezar, algunos hombres se reunieron y trajeron a un ciego ante Jesús. Fueron suplicando a Jesús que lo sanara. No sabemos si éllos lo trajeron porque él no podía encontrar el lugar por sí mismo, ya que no podía ver, o si le hicieron porque estaban preocupados por él.

En cualquier caso, el ciego representa al hombre perdido en sus pecados que no puede venir a Dios a menos que reciba ayuda.

En esta historia, los amigos representan el Espíritu Santo y la Iglesia. Lo primero que Jesús hizo fue llevarlo fuera del pueblo, fuera de su zona de confort.

Hubo fe por parte del hombre ciego al confiar su vida en las manos de Jesús. Él confiaba en el criterio de Jesús. Dondequiera que lo llevara dé la mano, él estaría bien. Él sabía que a Jesús realmente él le interesaba, y que Jesús no le haría ningún mal. Dondequiera que Jesús lo llevase estaría a salvo, porque Jesús sabía lo que hacía.

Por lo tanto, se abandonó a la güiánza de Jesús. Sean cuales sean sus circunstancias, tal vez tu necesitas un milagro de curación, tal vez tu lo necesitas para que te restaure moralmente, tal vez necesitas que te ayude a salvar su matrimonio, ó tal vez tu estás en la cárcel injustamente, tal vez tu necesitas un milagro financiero, ó por último tal vez te sientes, solo a causa de la pérdida de un ser querido. Cualquiera que sea tu situación, puedes confiar en Jesús.

Deja que te lleve de la mano y te llevará al lugar de curación, el lugar de la restauración, el lugar donde se encuentra su poder manifestado en su nombre. Él en su infinita sabiduría sabe exactamente lo que tu corazón anhela.

Jesús iba a hacer posible que el hombre ciego pudiera ser curados de su ceguera, *y recuperar: la vista, su estado, su lugar en la sociedad, su funcionalidad y su integridad moral.* Tú y yo y tal vez no tengamos que recuperar nuestra vista física, sino espiritualmente, tenemos que recuperar nuestra visión espiritual, nuestro estatus con Dios, nuestro lugar en nuestra relación con el Padre. Necesitamos recuperar nuestra integridad moral después de ser perdonados.

Es por eso que a veces Dios nos saca de nuestra zona de comodidad con el fin de tratar con nosotros, y para conformarnos a su imagen, su propósito, su carácter y su voluntad. Él trabaja con nosotros individualmente; conforme le entregamos a Él el control total de nuestras vidas, en sumisión total.

Entonces Jesús, de una manera poco común, rara vez visto en su ministerio de curación, escupió en los ojos del hombre.

Luego puso sus manos sobre él, y le pregunta: *'¿Puedes ver?'* (Marcos 8:23)

El ciego respondió: *'Veo los hombres como árboles que andan'.* En otras palabras, el ciego respondió a Jesús que su visión no estaba clara, era borrosa, imperfecta. Al parecer, el hombre ciego había quedado ciego, *aunque este no era su estado original.*

Deducimos esto porque él fue capaz de identificar las imágenes, aunque no con perfección. Cuando Jesús se enteró de su respuesta, tocó otra vez al ciego. En esta ocasión, el ciego fue curado de su ceguera. Él podía ver totalmente bien, su visión era clara, incluso a la distancia.

Ahora, él podía ver las expresiones de sorpresa en los rostros de los espectadores, las sonrisas amistosas de los niños que fueron testigos de su curación.

El milagro se había completado. Ya no era ciego. Él había sido restaurado ¡aleluya!

La narración sirve para mostrarnos que a veces los milagros son progresivos o una progresión de acontecimientos. Pero, a lo largo la fe del receptor del milagro se está probando, la longitud de la fe está siendo probada. ¿Es acaso una fe resistente? ¿Es una fe longánima? ¿Hay paciencia acompañando a esa fe?

El tipo de respuesta que demos a estas preguntas determinará el resultado de la situación.

Cuando te enfrentas a una situación similar en su vida, la respuesta más productiva es seguir creyendo, seguir confiando y el milagro se completará.

Jesús es el Alfa y la Omega, el principio y el fin. El Dios que comenzó el milagro lo va a llevar a una conclusión feliz. Sólo confía en Él, Él terminará su obra. Hemos visto muchos casos de este orden y hemos visto la mano del Señor completar el trabajo.

Quiero que repitas esta declaración de fe en voz alta, para poner en práctica la lección.

> "Declaro que voy a recibir mi milagro por la fe. Entiendo que a veces puede ser instantánea, a veces puede ser progresiva en su manifestación en el plano físico, pero ya está hecho en el reino espiritual por la fe y doy gracias a Dios por éllo. Yo declaro, yo sé que

Dios está trabajando y mis oraciones están siendo contestadas, porque sus promesas son buenas. Creo que, de acuerdo a Lucas 11:9: "Pedid y se os dará, llamad y se os abrirá, buscad y hallaréis." He pedido por lo tanto, se me dará He llamado por lo tanto, se me abrirá, he buscado por lo tanto encontrare. Tengo mi milagro en el nombre de Jesús. Amén".

Secreto IV

LA FE TIENE 2 POLARIDADES

La fe es similar a un fenómeno natural la: Electricidad. Ésta es aprovechada y canalizada para su uso. Está conformada por dos polos, *el positivo* y *el negativo*. Es la unión de las dos corrientes, lo que produce la electricidad. Lo mismo sucede con la fe. El polo positivo es el lado de la creencia y el polo negativo es el lado de la incredulidad.

Cada porción de la fe se compone de las dos polaridades. *La polaridad positiva*, o polo, es la parte de la creencia. Esa es la polaridad de la fe que cree *que Dios* puede y va a hacer un milagro. Este es el lado sobrenatural. Es totalmente dada al hombre por *Dios* cuando la Palabra de Dios es escuchada. *'La fe viene por el oír y el oír por la palabra de Dios'* (Romanos 10:17).

La fe es un don dado al espíritu humano. Es la contribución de Dios a *la fe* del hombre. Como todo lo bueno, proviene de Dios (Santiago 1:17).

La polaridad negativa es el lado de la incredulidad, el lado de la duda. Es el lado natural que pone en duda la voluntad *de Dios.* Esta parte considera el informe humano, los síntomas, el médico, la tradición más que lo que la persona cree la promesa o la Palabra del Señor.

La polaridad negativa de la fe cree más los síntomas de la enfermedad que la Palabra del Señor.

Podemos ver esto explicado por el relato en Marcos (9:14-29). El caso se describe de la siguiente manera.

Un hombre vino a buscar a Jesús. Él fue a verlo para que Jesús sanase a su hijo. Él no le hallo porque Jesús estaba en el Monte de la Transfiguración con otros discípulos. Como no podía encontrarlo, el hombre pidió a los discípulos que oraran por su hijo. Pero no le pudieron sanar.

Mientras tanto, Jesús había regresado y encontró a la multitud que rodeaba al hombre, su hijo y los discípulos. El hijo era atormentado por un espíritu sordo y mudo y no podía oír y no podía hablar. De vez en cuando, el demonio causaba que el niño tuviera algunas convulsiones y que echara espuma por la boca. El demonio actuó delante de Jesús, era audaz y desafió a Jesús justo en ese momento, porque cada demonio sabe quién es Jesús.

Entonces el hombre le dijo a Jesús: '*Si puedes hacer algo por nosotros, ten piedad de nosotros, sana a mi hijo'*.

En otras palabras, 'si puedes, o si eres capaz de hacer algo, y si estás dispuesto a, curar a mi hijo. Sánalo, señor'. La respuesta de Jesús pone la situación en la perspectiva correcta para todos los que escuchan la conversación y, por extensión, a ti y a mí. No era una cuestión de si era capaz o no, tampoco era una cuestión de si estaba dispuesto o no, pero la verdadera pregunta era: ¿Puedes creer? O, en otros términos, "¿Es tu fe lo suficientemente fuerte como para creer que soy capaz de curar a tu hijo?"

El hombre entendió las palabras de Jesús y de inmediato respondió: 'Señor, creo, ayuda mi debilidad de la fe'. Otras versiones dicen 'Señor, creo, ayuda mi incredulidad' como podemos ver, la creencia (fe / confianza) se acompaña de la incredulidad. Por lo tanto, los polos positivo y negativo fueron expuestos. Sin embargo, cuanto mayor es la creencia o la fe es, menor es la incredulidad. Hasta que la polaridad de la creencia, de la fe, es mayor que la polaridad de la incredulidad, el milagro no se manifestará.

Isaías, el profeta, le preguntó: *¿'Quién ha creído a nuestro anuncio'?* (Isaías 53). La verdadera proporción de la fe es: cuanto más la fe, menor es la incredulidad.

Cuando Jesús escuchó la confesión del padre, de inmediato, procedió a curar al niño. Por lo tanto, recibieron su milagro en aquella hora.

'La fe', llega *'viene por el oír'*. La fe viene hacia el hombre. Al igual que todo lo bueno que viene de Dios, (Eph.1:3).

La fe es un don que viene de la gracia de Dios. (Santiago 1:17)

Viene cuando escuchamos la palabra, "rhema". ¿Cuál es el rhema?

En el idioma griego del Nuevo Testamento, hay dos palabras que se refieren a la Palabra de Dios: "Rhema" y "Logos". *"Logos"* se refiere a la palabra escrita y "rhema" a la palabra revelada de Dios, la cual se reveló al corazón del creyente cuando la Palabra escrita de Dios fue escuchada.

La proclamación de la Palabra de Dios engendra la fe en el corazón del creyente. Y la fe ayuda al creyente a percibir el "rhema", que es la revelación de lo que Dios va a hacer. Cuando el "logos" produce el "rhema" se produce el milagro. *La fe es generada por la palabra de Dios, y el "logos",* se posa sobre el "rhema" y el milagro es concebido en el espíritu del creyente. El "rhema", o la revelación, se dan en el momento en que la palabra (Logos) se pronuncia. Después de esto, el "rhema" se convierte en una semilla que se implanta en el corazón del hombre. Seguido de una germinación y fructifica de acuerdo al tipo de suelo (Marcos 4). Se puede dar la cosecha de 30, ó 60 por ciento ó 100 por ciento.

¿Qué tipo de suelo eres tú?

Espero que seas un terreno fértil para el Señor, que tu vida produzca muchos frutos de fe para Su gloria. Permite que el "logos" y el "rhema" en función conjunta, trabajen en tu espíritu por la fe, y déjales producir el milagro que necesitas en tu vida.

Para aplicar la lección, quiero que hagas la siguiente declaración de fe en voz alta:

> "Declaro que yo creo con todo mi corazón. No permitiré que la duda me robe mi fe. Yo renuncio a toda duda en mi corazón o espíritu, y someto a mi fe a la Palabra de Dios de acuerdo a la revelación que he recibido. Entiendo que para mí recibir mi milagro mi creencia tiene que ser más grande, más fuerte, que mi incredulidad, puedo decir con seguridad: "Señor, creo, ayuda mi incredulidad" por lo cual puedo recibir su respuesta. Amén".

Secreto V

LOS HITOS DE LA FE

Los Hitos de la fe vienen de la siguiente manera:

En primer lugar, es el hito de la incepción. Esto sucede cuando el *"rhema"*, (la revelación del milagro de lo que Dios va a cumplir lo prometido por la palabra escrita) se le da al creyente, y la fe para recibir el milagro se implanta en el espíritu humano: es el momento de la incepción, la iniciación, el primer hito.

La incepción tiene lugar cuando el espíritu es impregnado por la palabra de la promesa. El momento de la incepción sucede como un acto de Dios, por el cual el espíritu humano es invitado a recibir la impregnación de la promesa conforme a la Palabra de Dios. Seguido de la revelación de Dios (*rhema*) de lo que Dios quiere hacer.

A continuación, el segundo hito es el hito de la Concepción. Esto ocurre cuando el milagro se está formando y organizándose en el espíritu humano. Está creciendo como el embrión crece en el útero, y como el embrión, debe ser nutrido, alimentado, atendido por la lectura de la palabra, el mantenimiento de un ambiente de fe, sin olvidar la adoración, etc. A medida que el milagro está creciendo en tu espíritu, debes seguir alabándole, y continuar dándole gracias a Dios de antemano por lo que está haciendo y lo que se manifestará.

A continuación, se presenta el hito del alumbramiento, este es el tercer hito. Esto tiene lugar cuando el milagro nace, cuando el milagro se manifiesta al mundo natural, descubriendo lo que estaba pasando en el mundo espiritual ó sobrenatural.

Un caso *milagroso* que ilustra la secuencia de estos hitos es la curación de *la mujer con flujo de sangre*, que se encuentra en Marcos capítulo 5:

Una mujer, al parecer, de la clase media de la sociedad, se acercó a Jesús buscando un milagro. Probablemente élla había tenido una casa, tenía un marido que la abandonó cuando élla se enfermó. Probablemente no tenía hijos a causa de su enfermedad.

Había estado enferma durante *12 largos años.*

Un flujo de sangre era la enfermedad que élla tenía. Probablemente tuvo que vender su casa y todos sus muebles para invertir en su salud. Élla había pagado a los mejores médicos del país para que la curasen. Pero no encontró sanidad. Había malgastado todos sus recursos, pero su situación era peor que antes. Pobre y sin esperanza, su única oportunidad de ser sana, estaba en Jesús.

Ahora mira esto cuidadosamente.

'*Cuando élla escuchó el informe acerca de Jesús*' (Marcos 5:27).

Fue entonces cuando recibió la revelación, *el rhema*, de su curación. Es entonces cuando el hito de incepción ocurrió. La promesa de curación se impregnó en su espíritu.

Entonces, élla se abrió paso entre la multitud y se repitió a sí misma: *'si tan sólo pudiera tocar su manto, quedaré sana'*. Élla repetía esto a sí misma, en múltiples ocasiones. Sin saber que estaba concibiendo su milagro, élla estaba pasando por el hito de la concepción. (Marcos 5:28).

Después de que élla tocó el manto del Señor, inmediatamente la fuente de su flujo de sangre fue sanada. (Marcos 5:29) El hito de alumbramiento, ó entrega del milagro había ocurrido. El milagro se produjo, y Jesús preguntó: *¿'Quién me ha tocado'?* Los discípulos le dijeron: *¿'Ves la multitud de personas que te tocan, y preguntas quien te tocado'?* Jesús le dijo: *'Sé que alguien me tocó, porque poder salía de mí'.* La mujer con el flujo de sangre tuvo tanta fe, que al tocar el manto del Señor extrajo el poder de Dios, la unción de Jesús, para su sanidad.

Parte de la unción de sanidad que estaba depositada en Jesús fue trasladada a élla y élla fue *sanada instantáneamente.* Jesús reconoció este momento, anunciando que poder había salido de él para sanar. A pesar de lo desesperado de su situación, de la imposibilidad de las multitudes que bloqueaban su camino, sin tener en cuenta las críticas de la gente, ni teniendo en cuenta la debilidad de su cuerpo, ella sabía que al tocar a Jesús sería sanada. Grande fue su fe. Élla pasó por el proceso de los hitos de la fe y obtuvo su milagro.

Quiero que sepas que hay un montón de testigos de este milagro, una multitud seguía a Jesús, pero élla fue la única destinataria del milagro. Élla fue sanada y restaurada la misma hora. Su testimonio ha trascendido en el tiempo y la historia, élla siempre será recordada como una mujer que creyó en Dios, y recibió su milagro.

¿En qué hito o momento del milagro te encuentras? Sigue creyendo, confiando en el Señor. Él apareció, Él vendrá a su cita y todo va a estar bien. Sigue creyendo hasta que la entrega, ó el alumbramiento de tu milagro ocurra. Tú verás la gloria de Dios al igual que la mujer con el flujo de sangre. Amén.

Para poner en práctica la lección quiero que repitas en voz alta:

"Declaro que estoy dispuesto y listo para recibir la palabra de Dios con respecto a mi milagro. Voy a cumplir con su palabra y creo que Dios me va a ayudar en el proceso de la incepción y concepción hasta el momento de la entrega o alumbramiento de mi milagro. Creo que mi milagro pronto se manifestará en el mundo físico y le daré alabanza y gloria, en el nombre de Jesús. Amén."

SECRETO VI

LA FE NO CONOCE FRONTERAS

El siguiente evento sucedió en *Capernaúm* (Lucas7:1-10). Era una ciudad muy activa, el nombre en sí significa *"pueblo de la comodidad"*. Se encuentra en la parte noroeste del Mar de Galilea. Jesús lo utilizó como hogar para su ministerio en Galilea. Los discípulos Pedro, Andrés y Mateo, eran originarios de allí.

Jesús hizo muchos milagros allí, incluyendo su primer milagro de resurrección cuando trajo la hija de *Jairo* de nuevo a la vida, y la curación de la suegra *de Pedro* de una aparente infección. Cuando Jesús vino a *Capernaúm*, un centurión se acercó a Jesús y le dijo que su siervo estaba enfermo y a punto de morir, y quería que Jesús que lo sanara. Las personas que rodeaban al hombre le dijeron a Jesús que él era digno del milagro porque les había construido una sinagoga. Jesús era consciente de este hecho, ya que había enseñado en dicha sinagoga en varias ocasiones.

El centurión se había comprometido *profesionalmente al César romano*, pero espiritualmente, estaba comprometido con el *Dios de Israel*, hasta el punto que él había construido una sinagoga *en Capernaum* para que los judíos adoraran. Él creía en Jehová, y él creía que Jesús era el Mesías. (Lucas 7:1-5)

La enfermedad de su criado le dio la oportunidad para encontrarse con Jesús de quien había oído hablar tanto.

Al reflexionar sobre su propia petición, cambió de opinión al respecto. Y le dijo a Jesús: *'Yo soy hombre bajo autoridad y les digo a mis siervos que vengan y vienen, y a otros les digo que vayan y van. Tú no tienes que venir a mi casa, solamente di la palabra y mi criado sanará. A lo que Jesús respondió': 'Yo no he visto tanta fe, ni aun en Israel'.* Como el centurión encontró más tarde su siervo había sido sanado la hora que Jesús dijo: *'Id y de acuerdo a tu fe será hecho'.*

Como podemos ver, este *Centurión por su fe había recibido una revelación:* La fe no conoce fronteras.

Sabía que estaba con Jesús, que estaba "aquí" y que sabía que su siervo estaba "allí", en su casa. Sin embargo, dijo: "Di la palabra y mi criado quedará sano."

Sabía que la fe no conocía distancia, la fe no tiene fronteras.

Tan pronto como inició su regreso, sus otros sirvientes vinieron a decirle que el joven sirviente había sido sanado. A pesar de la distancia el milagro tuvo lugar.

Ciertamente, la fe no conoce distancias. Lo que le pasó al centurión, te puede pasar a ti. Dios no hace acepción de personas. Él no discrimina. Lo que Él hizo por los demás, lo podría hacer por ti Cuando él te mira, todo lo que Él desea ver es tu fe. Por lo tanto, cuando estés pidiendo un milagro para ti o tus seres queridos, o alguien que tú conoces, recuerda que la fe no tiene límites.

La Fe funciona de la misma manera, tú puedes estar donde quiera que estés en este momento y la gente por la cual oras podría estar en China o en cualquier otro lugar. Pero, si tienes fe, tu oración será contestada, y el milagro sucederá incluso a la distancia. Ten ánimo en orar por éllos. Dios obrará en sus vidas, porque la fe no tiene fronteras.

Otro ejemplo de éllo es la curación de la hija *de la mujer gentil*. Lo encontramos en Mateo 15.

Esto sucedió cuando Jesús iba en su gira evangelística por la zona *de Tiro y de Sidón*. Antes de esto, Jesús había estado en Jerusalén. Mientras Jesús estaba sentado, la multitud comenzó a reunirse alrededor de él. Llegó gente con *todo tipo de enfermedades: ciegos, sordos, mudos, personas que estaban paralizados (Parkinson y otras enfermedades nerviosas) y mutilados*. La multitud le pidió que les permitieran tocar su manto para que pudieran ser sanados.

Y la unción que estaba sobre Jesús había penetrado incluso su ropa. La multitud había descubierto esto, y por eso le pidieron que dejara que lo toquen. Hubo un caso en que alguien fue sanado instantáneamente al tocar el manto de Jesús (*la mujer con el flujo de sangre*). La Biblia dice que todos los que le tocaron fueron sanados. Incluso las personas que no tenían brazos o las manos recibían milagros creativos y sus brazos y piernas al instante volvían a crecer de nuevo.

Poco después Jesús se fue a la región de *Tiro y Sidón*.

Se trataba de una zona predominantemente *poblada por gentiles; los israelitas eran una minoría*. Los israelitas solían referirse a este grupo étnico maliciosamente como la *"semilla de perros."* Los gentiles eran conscientes de éllo, y su connotación denigrante. Su cultura los había llevado acostumbrarse a él, así que lo toleraban.

En algún lugar de la zona vivía una mujer que tenía una necesidad desesperada. Élla tenía una hermosa hija, pero élla estaba poseída por el demonio y atormentada por una entidad satánica. A través de los rumores de la gente, se enteró de que Jesús estaba viniendo a la ciudad, incluso antes de que él llegara. Élla decidió que la situación de su hija era tan mala, que sólo una intervención de Dios podría cambiar las cosas. *Tal vez tú estés en una situación similar.*

Sea cual sea tu problema, tu sabes que sólo la intervención de Dios en el escenario de tu vida puede cambiar las cosas. Has llegado al punto en el que desesperadamente necesitas a Dios. Esta mujer gentil consideró que era necesario ir al encuentro de Jesús. Élla debe haber pensado "que viene a mi ciudad y yo no voy a perder esta oportunidad."

Así, equipada con su fe, e impulsada por su necesidad, decidió caminar por los caminos polvorientos de su ciudad y recorrer este nuevo camino de fe para encontrarse con Jesús. Sabía que iba en la dirección correcta, y tú también, que en medio de tu problema has decidido buscar a Dios, piensas lo mismo.

Élla llegó tan cerca de Jesús, como la multitud le permitía y se puso a gritar con toda la fuerza de sus pulmones.

'Ten piedad de mí, Señor, Hijo de David. Mi hija es gravemente poseída por el demonio'. 'Había escuchado los testimonios de otros israelitas, lo suficiente para saber que Él era el Mesías enviado por el Dios verdadero'. Por eso se dirigió a él como *"Señor, Hijo de David".* Élla estaba confesando, a través de su grito, que creía en él. Pero Jesús no dijo ni una palabra.

¿El silencio de Jesús fue una oportunidad para volver a examinar su corazón tenía élla el motivo correcto para su petición? ¿Tenia élla la fe suficiente? Jesús estaba poniendo a prueba su fe.

Incluso Jesús mismo, en un momento de intenso sufrimiento en la cruz como un verdadero ser humano, *sintió el silencio de Dios,* cuando él llevaba los pecados del mundo. Jesús sintió como si el Padre lo había abandonado y él dijo: 'Padre ¿por qué me has abandonado?'

El Padre estaba poniendo a prueba la fe de Jesús: Esta fue la prueba suprema. ¿Creía que el Padre aceptaría su sacrificio? ¿Tenía fe en que Él tendría una numerosa familia de creyentes siguiéndole a él después de que fuera resucitado de entre los muertos? ¿Creía Él que toda autoridad le seria dada en el cielo y en la tierra? ¿Creía que los milagros y maravillas se llevarían a cabo en su nombre? ¿Creía Él que el Espíritu Santo tenía el poder para hacerlo levantar de entre los muertos? Obviamente, Él pasó la prueba. De lo contrario, ¿Cómo podría el libro de Hebreos (12:2) llamarlo "el autor y consumador de nuestra fe?" ¿Cómo pudo haber requerido que tengamos fe si Él no la tenía el mismo?

¿Alguna vez has estado allí? Uno se pregunta por qué le pido a Dios pero siento como que no me está respondiendo. Él parece estar ausente, o sordo. Él simplemente no responde y usted podría preguntarse "¿dónde está Dios?" ¿Te ha rechazado? ¿Tal vez a él no le importas tú? "¿Por qué me has abandonado?" parecen ser las palabras apropiadas.

Pero no se desanime mi amigo, él te ha escuchado desde antes de que siquiera abrieras tu boca. *Él tiene cuidado de ti .Él simplemente está probando tu fe. Él ha prometido que no te dejará ni te desamparará. Dios te ama, y ama contestar tus oraciones.*

La mujer gentil, *tomando el control de todas sus emociones, sus dudas y sus preguntas, decidió resistir y continuar gritando y ser persistente hasta que llegue la respuesta. Élla no iba a darse por vencida. Élla no se preocupo por sus críticos ó la opinión de la gente, no iba a considerar la crítica de los discípulos tampoco.* Éllos le dijeron al Señor "despídela, porque élla está llorando detrás de nosotros y es molesto para nosotros." Sí, mi amigo, a veces incluso la iglesia o discípulos nos critican cuando no obtenemos una respuesta. Pero cuando esto suceda, sigue creyendo, sigue en tu fe, y sigue pidiendo haciendo caso omiso de las críticas.

Jesús le respondió: *'No he sido enviado, sino a las ovejas perdidas de la casa de Israel'. En otras palabras: 'Mi prioridad es los israelitas y tu eres una gentil. Así que no tengo que responder a tu petición'. Pero élla no se rindió. Élla aumentó el volumen de su petición, pero esta vez añadió adoración a su petición y dijo: 'Señor, ayúdame' Pero Jesús respondió y dijo: 'no es bueno tomar el pan de los hijos, y echarlo a los perrillos', a lo que élla respondió: 'Sí, Señor; pero aun los perrillos comen de las migajas que caen de la mesa de los amos'. En otras palabras, élla estaba reconociendo que no era un israelita sin embargo, élla creía. Que aun solo un poco de la abundancia de la bendición perteneciente a los hijos de Israel, ó las sobras, era suficiente para resolver sus necesidades.*

Como se puede ver, *su fe era persistente*, y Jesús acordó concederle su petición. *Su fe* había *pasado* la prueba. Jesús le dijo: *'Oh mujer, grande es tu fe. Hágase contigo como quieres. Su fe era más grande que todos los obstáculos, más grande que todas las objeciones, más grande que todas las negaciones, más grande que las razones teológicas y las dudas de la mente. Su fe persistente había triunfado sobre todos los obstáculos, y por lo tanto le consiguió los resultados que élla quería: su hija fue sanada desde aquella hora, dice la Biblia'* (Mateo 15:28).

Su hija no estaba allí, donde Jesús y élla estaban. Élla estaba en su casa a cierta distancia en algún lugar de la zona de Tiro y de Sidón. Pero fue suficiente que la siro-fenicia estuviese hablando con el Señor Todopoderoso, y que creyese la autorización dada por Jesús para que el *milagro* suceda. Puesto que la fe no tiene fronteras, la distancia de su hija no tenía importancia.

Dios no hace acepción de personas. Él no discrimina. Si tienes fe, Él hará lo mismo por ti.

Para poner en práctica la lección, quiero que repitas en voz alta la siguiente declaración de fe:

> "Declaro que mis oraciones serán contestadas, cuando ore por alguien, incluso si se encuentran en un lugar físicamente diferente, incluso a distancia. Dios intervendrá y el milagro se producirá porque mi fe no tiene fronteras, ni conoce distancias y funcionará igual: amen.

Secreto VII

LA FE SE ADAPTA A LA NECESIDAD

Ninguna petición por un milagro es demasiado pequeña o demasiado grande. La fe se adapta a todas las exigencias. Es como una toalla que se adapta al tamaño de las manos o de los pies. Una toalla es una toalla y se acomodará a la necesidad de todo el mundo.

Si usted necesita un milagro de curación, milagro financiero, un milagro en tu matrimonio, ó incluso un milagro de salvación, la fe es necesaria para todo.

"Pero sin fe es imposible agradar a Dios" (Hebreos 11:6)

¿Cómo fue que la mujer con el flujo de sangre sanada? Por la fe. (Marcos 5:28)

¿Cómo fue el siervo del centurión sanado? Por la fe. (Lucas 7:1-10)

¿Cómo se dividió el Mar Rojo? Por la fe. (Éxodo 14)

Hay muchos milagros más que no podemos mencionar por falta de tiempo, pero vamos a considerar un milagro. Sucedió en el libro de los Hechos, capítulo 5, versículos

17-21. Los protagonistas fueron Pedro y Juan, por supuesto, los otros discípulos estaban allí también.

Poco después de la ascensión de Jesús al cielo, la iglesia comenzó a predicar el Evangelio en cumplimiento de la Gran Comisión. Pedro y Juan sanaron a un cojo. Los escribas y saduceos se alteraron en gran medida por cuanto ellos estaban predicando y haciendo milagros en el nombre de Jesús. Éllos se molestaron y lanzaron a ambos en la cárcel, por la noche.

Al día siguiente, los apóstoles volvieron a predicar de nuevo. Esta vez se les prohibió predicar el nombre de Jesús. Los apóstoles respondieron al orar a Dios y dijeron: 'Ahora, Señor, mira sus amenazas y concede a tus siervos que con toda confianza, pueden hablar tu palabra mientras extiendes tu mano para realizar curaciones con las señales, y maravillas que se hacen en el nombre de tu santo siervo Jesús.' 'Fue una oración pidiendo denuedo para predicar.'

La Biblia dice que cuando hubieron orado, el lugar en que estaban congregados tembló. Y allí fueron todos llenos del Espíritu Santo. Éllos hablaron la palabra de Dios con denuedo. Poco después, Pedro y Juan fueron encarcelados por el sumo sacerdote que estaba lleno de indignación y los pusieron en una cárcel común.

Pero observe con mucho cuidado lo que sucede. Por la noche un ángel del Señor abrió las puertas de la cárcel y los sacó diciendo: *'Vayan, y pónganse en el templo, anunciad al pueblo todas las palabras de esta vida.' El ángel les había abierto la puerta de la prisión y cegó a la guardia de la prisión, por lo que no podían ver lo que estaba sucediendo. Se llevaron a Pedro y Juan, y los pusieron en la calle, libre de irse. El ángel volvió y cerró la puerta de nuevo.*

A la mañana siguiente, Pedro y Juan regresaron a la predicación. ¡Hablando de audacia! Pedro y Juan la tenían, sobre todo después de experimentar la liberación realizada por el ángel que los habían hecho sobrenaturalmente libres. Sus oraciones habían sido contestadas milagrosamente por la fe. La fe se había adaptado a su necesidad. Éllos oraron por la audacia con la misma fe que tuvieron para curar al hombre cojo.

Así que mi amigo, confía en Jehová, su respuesta puede estar en camino.

El resto de estos acontecimientos que no fueron descritos fueron realizados también por la fe.

De acuerdo a tu fe, te será hecho.

Si necesitas un milagro financiero, no podrías conseguirlo, ni comprándolo, si acaso pudieran comprarse los milagros. Simplemente, todo lo que necesita para conseguirlo es fe.

Si necesitas un milagro de sanidad, todo lo que necesitas es fe.

Si necesitas salvación, todo lo que necesitas es fe.

Si quiere que Dios traiga de vuelta a tu esposo o tu esposa, todo lo que necesitas es fe.

Si quieres que Dios haga que tu hijo o hija sea libre de un hábito, todo lo que necesitas es fe. El denominador común de todos los milagros es la fe. El mismo tipo de fe es el requisito previo de todos los milagros. Usa tu fe para recibir cualquier y todos los milagros que necesitas en tu vida.

Ahora declara en voz alta para ejercitar la lección aprendida en este capítulo:

"Declaro que creo en la Palabra de Dios. Me dice que la única manera de agradar a Dios es por fe y que ÉL es galardonador de los que le buscan. Me estoy acercando a él por la fe.

Yo creo que Él me está galardonando por haberme concedido el milagro que le pedí a él por fe, Declaro que recibo mi milagro de (llene el espacio en blanco con su petición) en el nombre de Jesús. Amén."

NADIE PUEDE USAR TU FE SI NO TÚ

La fe transita de la posesión de Dios, a la posesión del hombre.

Juan 1:1 dice: *'El Verbo era con Dios'.* Las promesas de Dios para los hombres estaban con él estaban bajo su posesión.

Pero he aquí que si introduces, el llanto de un hijo de Dios en el escenario, alguien que reclama la promesa y la fe transita de la posesión Dios a la posesión del creyente, y ya no es suya, sino que es la fe del creyente.

La fe se convierte en la posesión de la persona que busca un milagro.

Veamos algunos ejemplos:

Había una mujer en Magdala. Élla era una hermana de Lázaro. Al parecer, élla había vivido una vida muy promiscua. Élla terminó siendo esclava de Satanás y fue poseída por siete demonios.

Élla tenía siete demonios que solían atormentarla. Fue llevada ante Jesús para que la liberara. Jesús con su amor fuera de lo común y compasión le ministró a élla a pesar de que élla era una persona moralmente indigente. Jesús la vio como una mujer de gran potencial al ser restaurada. Sabía que una vez transformada podría convertirse en una persona activa para su causa. Así que Jesús la liberó. Los demonios se habían ido, su mente estaba sana, y élla tenía el control de su mente, había vuelto a la normalidad.

Jesús concluyó su ministerio a María Magdalena diciéndole: *'Tu fe te ha salvado'.* (Lucas 7:50). María Magdalena se convirtió en una acérrima seguidora de Jesús. Élla ministraba al Señor con sus propias finanzas. Élla se dedico a promover su ministerio.

Llegó el momento, cuando Jesús estaba a punto de ser crucificado, y élla decidió romper un frasco de alabastro, y ungir su cabeza y sus pies. A continuación, utilizó su cabello para limpiar sus pies. Jesús llama la atención a este acto de culto y dijo que donde quiera que este evangelio fuera predicado élla siempre seria recordada como la mujer que ungió a Jesús los pies y la cabeza en preparación para su entierro.

Élla fue muy criticada por los discípulos, y en especial por *Judas.* Todos lo vieron como una pérdida de dinero. El perfume era muy caro, con un valor comparable con el salario de un año. Era la opinión de los discípulos que el perfume podía haberse vendido y el dinero dado a los pobres. Pero Jesús le respondió: "siempre tendréis pobres con vosotros, pero no siempre me tendréis." Como podemos ver, fue su fe la que la llevó a ser liberada de la opresión demoníaca, y terminó con su vida promiscua. Se convirtió en una persona totalmente nueva. Su fe la había sanado.

También había un hombre ciego de Jericó, estaba sentado junto al camino. Esta Jericó fue una reconstrucción de la Jericó en el Antiguo Testamento que había sido el escenario de un gran milagro.

El pueblo de Dios había marchado alrededor de la pared durante siete días. Era una ciudad bien protegida y fortificada. A tal modo que tenían las paredes de la ciudad lo suficientemente gruesa como para llevar sobre si a varios carros de caballos. Dentro de las paredes, había un espacio lo suficientemente grande como para operar una posada y algunos cuartos para vivir. Rahab la ramera tenía una posada allí. Ahí es donde escondió a los espías israelitas cuando salieron a explorar la ciudad antes de la conquista.

La marcha se iba a hacer una vez al día, a excepción del séptimo día, ese día tuvieron que marchar alrededor de la ciudad siete veces. En ese mismo tiempo estaban soplando sus trompetas. El pueblo de Israel completó la instrucción dada por Dios. Los recios muros de Jericó se desplomaron desde la parte inferior. Y el pueblo de Israel vio la ciudad indefensa, accesible y lista para la posesión. Su fe había operado un milagro. Los muros cayeron e Israel conquistó Jericó, así como Dios lo había prometido. Su fe había provocado su victoria. *Mi amigo,* si tú tienes fe, si confías en el Señor, los muros que protegen la Jericó de tu vida van a caer y vas a tomar posesión de cualquier milagro que tu espera de Dios.

Volviendo a nuestra historia, el ciego oyó una multitud de gente que pasaba. Y el preguntó qué era aquello. Quería saber por qué estaban gritando y comportándose tumultuosamente. Así que le dijeron que Jesús de Nazaret pasaba por allí. Inmediatamente, vio la oportunidad de su vida. Esta fue la gran oportunidad que estaba esperando. Podría recibir la vista, y ser restaurado Si sólo Jesús pudiera oírlo. Así, que empezó a gritar, diciendo: '¡Jesús, Hijo de David, ten misericordia de mí.' 'Entonces, Jesús se detuvo y mandó que se lo trajeran. Este vino a Jesús gritando:' '¡Hijo de David, ten misericordia de mí.' Jesús le dijo: '¿Qué quieres que haga por ti?' El ciego de Jericó, dijo: 'Señor, que recobre la vista. Entonces Jesús le dijo.' Recobra la vista, tu fe te ha salvado. Él no estaba incluido en la agenda de Jesús, pero Jesús si estaba en la agenda del ciego.

Así que, como puedes ver, después de que Jesús probó la fe de aquel hombre, la cual era fuerte, él le concedió el milagro. Jesús había dicho: *'Tu fe te ha salvado.'*

Damas y caballeros, Jesús reconoció que era "su fe" *lo que había provocado el milagro.* ¿Tienes fe? ¿Es fuerte y lo suficientemente potente como para producir un milagro? Si la respuesta es sí, entonces tú has tomado posesión de la promesa.

Ahora bien, es "tu fe" y nadie puede usarla, sino tu. Ya estas equipado para conquistar sobrenaturalmente lo imposible. *'Porque para Dios todas las cosas son posibles.'* (Lucas 1:37). Resumiendo la lección, hemos establecido que el milagro no sucederá hasta que la promesa es apropiada por alguien. *¿Y tú? ¿Estás listo para apropiarte de la promesa de Dios? ¿Estás listo para decir que las promesas de Dios son tuyas?* Entonces prepárate para el milagro.

La frase "tu fe te" es una frase *maravillosa*, porque significa que nadie te la puede quitar o robártela.

"Tu fe" está *esperando* para que la utilices. Un milagro viene acercándose a ti., si sólo lo puedes creer.

Siga adelante mi amigo, usa tu fe, *la cual es legítimamente* tuya. Sí necesitas una sanidad para ti o tus seres queridos, usa tu fe y recibirás tu milagro.

Si necesitas un trabajo, reclámalo y recíbelo. Si necesita que tu esposo o esposa regresen a casa, usa tu fe y los recibirás a él o élla de nuevo.

Si tú hija o hijo se ha perdido en la adicción a las drogas, alcohol o cualquier otros malos hábitos usa tu fe y velos cambiar. Sea cual fuera tu necesidad, ejercita tu fe y recibirás tu milagro.

Quiero que repitas esta declaración de fe en voz alta:

> "Declaro que estoy dispuesto y listo para usar mi fe. Entiendo que nadie pueda usar mi fe más que yo. Poniendo mi fe en acción, declaro que voy a recibir mi milagro, Dios ha respondido a mi petición. Yo necesitaba que Dios respondiera a mi petición de: (llene el espacio en blanco con su petición) y por la fe, lo declaro hecho. Me asegurare de dar testimonio de lo que Dios ha hecho por mí. ¡Alabado sea el Señor. Amén

Secreto IX

LOS MILAGROS PUEDEN TOMAR TIEMPO PARA MANIFESTARSE

Entre creer la promesa, y la materialización real ó manifestación de la promesa, un lapso de tiempo puede pasar

Puede transcurrir un minuto ó un lapso de 20 años ó 4000 anos. Como por ejemplo el tiempo que tomó para materializarse la promesa hecha a Adán y Eva en el paraíso cuando Dios pronunció la maldición sobre la serpiente y anuncio la venida del mesías en el texto conocido como el proto-evangelio (Gen 3:15).

Tomó una mujer sencilla, María, que tuvo fe para aceptar la maternidad de el salvador cuando fue el momento adecuado. Entonces sucedió. La manifestación tuvo lugar. Sucedió en el tiempo señalado en el calendario de Dios, en Su tiempo. *¿Has considerado el factor tiempo en cuanto a por qué el milagro no se ha manifestado? ¿Le has dado la oportunidad al calendario de Dios?*

No cometas el error de que Sara y Abraham cometieron. Todo comenzó cuando Dios se le apareció a Abraham y le dijo que lo iba a bendecir con numerosos descendientes y que él sería el padre de muchas naciones. Abraham creyó a Dios, pero había un problema, que no tenía hijos, a causa de que su esposa era estéril.

Éllos querían ver nacer al niño que Dios les había prometido por lo que trataron de "ayudar" a Dios. Y a Sara se le ocurrió la idea de la primera madre sustituta en la historia de la Biblia. Parecía ser una idea brillante para élla en ese momento. ¿Por qué no permitir a Abraham estar con su sirvienta Agar? Élla podía concebir un hijo, el cual, según la costumbre de la época, se consideraría que el niño nacido era de Sara. Por lo tanto, no había que esperar, y lo que Dios les había prometido de esa manera se cumpliría. Pero veamos qué pasó.

Ismael nació, y Abraham lo amaba entrañablemente. Luego, Agar comenzó a maltratar a Sara, y actuó con desprecio hacia élla. Como no tenía hijo de Abraham, ya que Sara era estéril, Agar. Pensó que tenía derecho a que Abraham le prefiriera como su esposa titular, con semejante atrevimiento quería usurpar el lugar de Sara. Pero Sara le demostró que estaba equivocada y, finalmente, la desalojó de su casa con la aprobación de Abraham. La familia estaba dividida, había mucha confrontación y dolor, lo cual persiste incluso hasta nuestros días entre sus descendientes. Esto es evidente cuando nos fijamos en la forma en que las naciones árabes (hijos de Ismael) y los hijos de Israel (hijos de Isaac via Jacob) se tratan entre sí. Después de todo, había sido una mala idea tratar de "ayudar" a Dios.

Fue terriblemente mal tratar de precipitar el cumplimiento de la promesa. *Amigo mío*, Dios no necesita ayuda, Él es un Dios Todopoderoso y Él puede hacer un milagro a pesar de todas las imposibilidades humanas. Pero, lo hará a su debido tiempo, y de acuerdo con su sabiduría infinita. Así que deja de tratar de manipular a Dios y deja a Dios ser Dios y deja que Él conteste a la hora señalada por Él. Amén.

Hay otros factores que pueden causar el retraso de la manifestación de un milagro.

A veces, la propia fe debe ser más fuerte. Tal es el caso del pueblo de Israel, que en vez de tomar posesión de la Tierra Prometida en dos semanas, anduvieron en círculos durante cuarenta años a causa de su falta de fe. *Habían visto a Dios enviar las diez plagas a los egipcios, y cómo Faraón, incapaz de poder resistir a Dios, tuvo que optar por dejarlos ir libres de la esclavitud.*

Habían visto la güiánza sobrenatural de una nube durante el día que al mismo tiempo les protegía del sol abrasador del desierto. Además, habían visto a Dios utilizando una columna de fuego de noche, para darles luz y calor (Ex.13). Habían visto a Dios *dividiendo el Mar Rojo*, para que pudieran cruzar por tierra seca (Éxodo 14). Vieron al *Faraón* y sus carros perecer cuando trató de llevarlos de vuelta a la esclavitud.

Cuando no tenían agua para beber, habían visto las aguas amargas de Mara cambiar a agua potable (Ex 15). Éllos habían sido alimentados con el pan de cada día del Maná en el desierto (Ex.16), podríamos decir como figura literaria que erra *equivalente al pan fabricado por ángeles en el cielo.*

Sin embargo, no podían creer que Dios podía darles la victoria sobre los gigantes de la tierra y sus ciudades fortificadas. Sólo *Josué y Caleb* creyeron y tomaron posesión de su porción de la bendición, del *milagro de la Tierra Prometida.*

El resto de la generación, las personas mayores de 20 años de edad, murió sin ocupar el territorio que Dios les había prometido. Era la duda, la incredulidad que no les permitió recibir la tierra prometida (Números 14). La debilidad de la fe no permitió que esa generación poseyera la tierra. No dejes que tus dudas o tu falta de fe retrasen la manifestación de tu milagro. Mantente fuerte en la fe, como Abraham, que nunca tambaleó (vaciló, dudó) en su fe. No tuvo en cuenta su propio cuerpo, siendo que era avanzado en edad. Ó la esterilidad de Sara, sino que permaneció firme en su fe, dando gloria a Dios (Romanos 4:20).

Otra razón para la demora es cuando nos fijamos en las circunstancias más que lo que miramos a Dios y Su poder, *perdemos nuestro enfoque, el punto de concentración, y esto no nos permite recibir el milagro.*

Le pasó a Pedro. Una gran tormenta fue calmada por Jesús .Y luego Jesús caminando sobre el agua se acercaba a los discípulos y Pedro pidió permiso al Maestro para hacer lo mismo. Al principio, Pedro fue capaz de caminar, pero tan pronto como empezó a mirar a la profundidad de las aguas, Pedro comenzó a hundirse. Y él le pidió a Jesús que lo salvara. Jesús procedió a agacharse y salvarlo. (Mateo 14:26-33).

Si tú deseas recibir tu milagro, mantén tu enfoque. No te distraigas, mantén tu perspectiva.

Otra veces nuestras palabras no hablan del milagro y hacemos las confesiones equivocadas, hablando palabras negativas (Proverbios 18:20-21). No recibiremos el milagro hasta que corrijamos nuestras confesiones. Cuida tu lenguaje, lo que dices es lo que recibes.

Otro bloqueo importante para no recibir la manifestación del milagro es la falta de perdón.

Dios demanda de nosotros que perdonemos. Lo encontramos en Mateo (6:14-15) *'Porque si perdonáis a los hombres sus ofensas, vuestro Padre celestial también os perdonará a vosotros.'* Porque si vosotros no perdonáis a los hombres sus ofensas, tampoco vuestro Padre os perdonará vuestras ofensas. El perdón de Dios para nosotros está en proporción directa con nuestro perdón a los demás.

En Marcos (11:25-26) encontramos: *'Y cuando estéis orando, perdonad si tenéis algo contra alguno, para que vuestro Padre que está en los cielos os perdone a vosotros vuestras ofensas.'* Porque si vosotros no perdonáis, tampoco vuestro Padre que está en los cielos os perdonará vuestras ofensas. *"Así que cuando oras pidiendo un milagro*, debes perdonar a tus hermanos (hermanas) sus delitos *ó faltas u ofensas*, a fin de recibir la respuesta, de parte de Dios.

Dame un minuto de tu tiempo y déjame caminar contigo a través de las recámaras más internas de tu corazón. Ven conmigo, ¿puedes ver una cárcel allí? Sólo tú tienes la llave para abrir la puerta de la celda. ¿A quién ves encarcelado? ¿Es tu padre? ¿Tu madre? ¿Algún pariente? ¿Un amigo? Los reconoces porque causaron dolor en tu vida. Ellos te hicieron daño. Tal vez, ellos violaron tus derechos. Podían haberte robado. Podrían haberte engañado. Tal vez te violaron, ó cometieron cualquier otro acto de violencia en tu contra. Te provocaron dolor, y por esa razón, los mantienes prisioneros.

Ahora bien, el perdón es un acto de la voluntad. Tú debes elegir dejarlos ir libres.

Cada ofensa contra ti vino acompañada también por un dolor, por lo tanto, también debes dejar que el dolor que vino junto con su ofensa desaparezca. Tú dejas sin poder, sin fuerza, la agresión ó delito cuando dejas que el dolor se vaya. ¿Estás listo para perdonar? Entonces yo quiero que hagas lo siguiente:

Cualquiera que sea el nombre de tu prisionero, diles a ellos en voz alta:

"Fulano de tal _____ Yo perdono la ofensa con la cual me afligiste y me causaste dolor. Te dejo en libertad, no voy a llevar la carga más. Yo destruyo el dolor de la ofensa, y lo dejo ir de mi espíritu. Dejo que la sangre de Jesús lo cubra y dejo que el amor de Jesús remplace el dolor. Eres libre de hoy en adelante, no te sujetaré ya más".

El perdón no es sólo aplicable al infractor, sino que también es para el ofendido. Después de perdonar a tu transgresor, viene la parte más difícil. Eso es perdonarte a ti mismo por haber permitido que la transgresión te hiciera daño y permitir que sea una carga en tu vida. Perdónate a ti mismo y deja que la sangre de Jesús te cubra. Hoy día es un nuevo comienzo, sin la carga de tener al prisionero encerrado en la celda de la cárcel de tu corazón. Todas las cosas viejas han pasado, y todo es hecho nuevo. Al abandonar el dolor del pasado y al perdonar la ofensa, ya estos no pueden mantener el control sobre ti y tus emociones. Ahora estas libre de perdonarte a ti mismo.

Otra de las razones para experimentar un retraso en la contestación de tu milagro es el sentimiento de culpa y vergüenza, hermanas gemelas que aparecen juntas. Ya sean reales o surrealistas, la culpa imaginaria y la vergüenza pueden bloquearte de recibir tu bendición. Sé que has cometido pecados, como cualquier otra persona. Sé que no has estado en lo mejor de tu comportamiento, y sé que esto produce un sentimiento de culpa. Junto con la culpa, la vergüenza que viene es la emoción de indignidad y pecaminosidad.

Si has confesado tus pecados a Dios, y en verdad te has sentido mal por tus acciones, te has arrepentido delante de Dios y has declarado la sangre de Jesús sobre éllos, tus pecados te han sido perdonados. No debe haber más culpa, porque tu pecado ha sido borrado. No debe haber más vergüenza, porque no hay nada de qué avergonzarse. Por lo tanto, no dejes que estos sentimientos de inferioridad, falta de valía, culpa y vergüenza te priven de tu herencia. Porque la sangre de Jesús nunca perderá su poder. Tiene el poder de erradicar las raíces de todas las consecuencias malignas del pecado en tu vida. Así que, olvidándote de la culpa y la vergüenza te garantizo que estas en la posición correcta para obtener tu milagro, prepárate para recibirlo

Quiero que repitas esta declaración de fe en voz alta:

> "Ahora: cuando sea el momento adecuado, recibo mi milagro por la fe en el reino espiritual, y luego mi milagro se manifestara en el reino natural. No dejaré que ninguna duda, ninguna confesión negativa, ni que ningún pecado, retrase la manifestación de mi milagro. No antes, no después, sino cuando sea el momento adecuado. Cuando haya alineado totalmente mis palabras con la

Palabra de Dios, cuando mi fe sea más fuerte que mis dudas, cuando haya perdonado a mis ofensores, cuando deje de mirar las circunstancias y me mantenga enfocado en la promesa de Dios, mi milagro se manifestará. "Amén."

Secreto X

LA FE REQUIERE QUE PLANTES UNA SEMILLA

Algunas personas no tienen una respuesta de Dios, a pesar de que dicen que tienen mucha fe.

Permíteme presentarte a otro de los secretos de la fe. Estas personas nunca van a cosechar un milagro porque no han plantado una semilla para éllo.

Si deseas obtener una cosecha, debes plantar una semilla. Esto se aplica tanto al mundo natural, así como, al mundo espiritual. Este es un principio establecido por el Dios Todopoderoso; Gen 8:22 dice: *'Mientras la tierra permanezca, la siembra y cosecha, frío y calor, verano e invierno, y día y noche, no cesarán.'* La tierra sigue aun en existencia, girando sobre su propio eje, *la ley de la gravedad sigue en vigor*, las estaciones se suceden en una procesión sin fin y el día sigue dividido por el día y la noche. Por lo tanto, la ley o el principio de la siembra y la cosecha están todavía en efecto. Gálatas 6:7 dice: *"No os engañéis, Dios no puede ser burlado: pues todo lo que el hombre sembrare, eso también segará.'*

Cada semilla viene con su propio conjunto de instrucciones determinadas por su ADN. *La semilla de manzana produce manzanas solamente. La semilla de sandía produce sandías. La semilla de naranja producirá naranjas. Del mismo modo, en el ámbito espiritual, todo pensamiento, actitud, o acto constituye o es una semilla La semilla de malos pensamientos producirán malas acciones* (Lucas 6:45). La semilla de la generosidad cosechará generosidad de Dios. En Mateo 15:19 dice: *'Porque del corazón salen los malos pensamientos, los homicidios, los adulterios, las fornicaciones, los hurtos, los falsos testimonios y blasfemias.'* En Marcos 7:21 a 22 también dice: *"Porque de dentro, del el corazón de los hombres, salen los malos pensamientos, los adulterios, las fornicaciones, los homicidios, los hurtos, las avaricias, las maldades, el engaño, la lascivia, la envidia, la maledicencia, la soberbia, la insensatez."*

Como puede ver, los malos pensamientos son las semillas para la cosecha de los homicidios, los adulterios, etc. Por otra parte, los buenos pensamientos son las semillas para una buena cosecha, de acuerdo a su propia especie.

En cuanto a honrar a Dios con tus bienes, dice en Proverbios 3:9-10: *'Honra al Señor con tus bienes (posesiones), y con las primicias de todos tus frutos, y tus graneros se llenarán con abundancia, y tus lagares rebosarán de mosto'.*

En cuanto a dar, Jesús le dijo al joven rico en Marcos 10:21 'Una cosa te falta: anda, vende todo lo que tienes y dalo a los pobres, y tendrás tesoro en el cielo, y ven y toma tu cruz, y sígueme.'

Siguiendo con el mismo tema, Jesús dice en Lucas 6:38: *'Dad (planta una semilla), y te será dado (una cosecha);*

medida buena, apretada y remecida y rebosando darán en tu seno. Porque con la misma medida con que medís (la semilla), con la misma serás medido (la cosecha).'

En lo que respecta a ayudar al prójimo, Proverbios 14:21 dice: *'El que menosprecia a su prójimo peca, pero el que tiene misericordia del pobre feliz, lo es (bienaventurado)'* En el Salmo 112:5 dice: *'Le irá bien al hombre bueno que trata con generosidad y presta, guiará sus asuntos con discreción.'*

Acerca de las ofrendas para Dios, Marcos nos dice en 12:41-44: *'Y Jesús se sentó frente a la tesorería, y miraba cómo el pueblo echaba dinero en el arca'.* Y muchos de los que eran ricos echaban mucho. Y vino una viuda pobre, y echó dos blancas, ó sea un cuadrante. Después llamó a sus discípulos y les dijo: "De cierto os digo, que esta viuda pobre echó más que todos los que han echado en el arca; porque todos echaron de lo que les sobra, pero ésta, echó todo lo que tenía, todo su sustento."

Estos versículos aclaran el hecho de que no es la cantidad que tú das, sino también, la proporción en relación con tus recursos. De lo contrario, si eres un millonario y das mil dólares de tu abundancia, es menos en proporción a la ofrenda dada por alguien con recursos limitados, a pesar de que puede ser una cantidad menor. Es digno de observar que Jesús mira a las ofrendas, como miro la ofrenda de la viuda, él mira la actitud con la cual das tú ofrenda.

Dios quería una familia en la Tierra así, envió a su hijo, Jesús. Aquellos que creen en él se convierten en la familia de Dios. Su hijo es la semilla, su familia es la cosecha. Veamos algunos ejemplos bíblicos acerca de la siembra de una semilla. El Centurión planto una semilla, construyó una sinagoga y cosechó un milagro, la curación de su siervo (Mateo 8:5-13).

La viuda de Zarepta, alimentó primero al profeta, conforme le había sido instruido por el Señor. Élla plantó una semilla, y élla recibió un milagro: su aceite y harina se multiplicaron milagrosamente, día tras día y sobrevivió a los tres años y medio de hambruna (I Reyes 17:8-16).

Los patriarcas del Antiguo Testamento, los reyes y los héroes, todos sabían de la importancia de este principio. Éllos plantaron una semilla con el fin de obtener una cosecha. La Biblia está llena de promesas para los que dan. *'Dad, y se os dará', 'el que planta escasamente, escasamente también segará.'* Si tus oraciones no son respondidas, si creer no es suficiente, dale la oportunidad al dar. Ha llegado el momento de plantar una semilla de fe.

El Espíritu Santo te dará una idea de qué tipo de semilla debes sembrar. Antes de hacer nada, ora y pídele a Dios que te muestre lo que él quiere que hagas.

Algunos ejemplos:

Da un poco de su dinero para ayudar a los pobres y a los necesitados, las personas sin hogar. Busca una organización caritativa y conviértete en un colaborador. Encuentra una iglesia y da sus diezmos.

Da una ofrenda a Trinity Broadcasting Network (TBN) ó a cualquier otro ministerio de evangelización, ó para la predicación del evangelio.

A Dios le gusta eso. Procede a plantar una semilla. ¿Puedes adivinar lo que va a pasar? El milagro va a suceder. Tú recibirás tu milagro. El Señor de la mies tiene uno para ti y tiene tu nombre puesto en él.

Quiero que repitas en voz alta:

"Declaro que, como expresión de mi fe voy a plantar una semilla dondequiera que el Señor me indique. Yo sé que Dios honrará mi fe, y dará una cosecha de mi semilla. Mi semilla está dejando mis manos, pero no mi vida. Yo sostengo que vendrá de nuevo a mí en mi futuro, se multiplicara en abundancia a través de los milagros que Dios va a realizar en mi vida. ¡Alabado sea el Señor. Amén."

SECRETO XI

LA FE TRABAJA CON LA CONFESIÓN

En la Biblia, el verbo *"confesar"* significa *"estar al lado de"* Dios y estar de acuerdo con él y declarar las mismas cosas.

Si él dice que soy sanado, entonces estoy curado. Si Él dice que yo soy justo, yo lo soy. Si Él dice que yo soy perdonado, lo soy.

Si Él dice que yo soy salvo, yo soy salvo. Si él dice que nunca me dejará ni me abandonará, nunca lo hará. ¡Alabado sea Dios!

En otras palabras, al confesar las promesas de Dios, el creyente está permitiendo que su fe sea productiva. Él está permitiendo que su fe trabaje. La fe trabaja con la confesión.

Para decirlo en otros términos, la fe viene equipada con una fuente de energía creativa que se activa cuando la palabra de la fe (el milagro que está pidiendo) se pronuncia. Romanos 10:8 dice: *'la palabra de la fe (el milagro que están esperando o espera recibir) está cerca de ti, en tu boca.'*

Cuando el creyente confiesa el milagro que necesita, algo sucede en el ámbito espiritual y luego los resultados se ven en el plano físico. Por eso, el centurión le dijo a Jesús, '*di ó habla la palabra y mi criado quedará sano*' (Mateo 8).

Esto explica por qué Jesús habló a la tormenta y la calmó y los vientos lo obedecieron. *Los discípulos llenos de asombro dijeron: ¿qué clase de hombre es éste, que aun la tormenta y los vientos le obedecen?'* Jesús dijo 'si tienes fe, hablaras a la montaña y la montaña se moverá.'

¿Qué tipo de montaña hay en tu vida? ¿Es una enfermedad, una relación fallida? ¿Es una montaña financiera? ¡Prepárate para usar el poder creativo de la palabra de fe (el milagro que esperas recibir)!

La palabra de la fe es lo único que Dios uso para crear el universo.

'*Por la fe entendemos que el mundo fue formado por la palabra de Dios, de modo que lo que fue hecho, se hizo de lo que no se veía.*' (Hebreos 11:3)

Y llamó Dios a un mundo físico fuera del reino invisible. Usted también puede traer el milagro que está esperando desde el reino invisible con una palabra de fe.

Un poderoso ejemplo de la utilización de la palabra de fe viene a nosotros con el relato de la *resurrección de Lázaro* en el Evangelio de San Juan (cap. 11).

Este fue uno de los momentos más dramáticos durante el ministerio terrenal de Jesús.

Un hombre llamado Lázaro vivía en Betania, a dos millas de distancia de Jerusalén. Su nombre significa: "aquel a quien Dios ayuda."

Él era el hermano de María y Marta. María, que también era conocido como *María Magdalena*, quien fue la que ungió los pies de *Jesús* y los seco con sus cabellos antes de que Jesús fuera sepultado.

Habían aceptado a Jesús como el Mesías enviado por Dios y se habían convertido en amigos muy cercanos de Jesús. Toda la familia pertenecía al círculo íntimo de Jesús. Entonces sucedió que Lázaro se enfermó, y Jesús no estaba allí. *Había huido de Betania porque los Judíos trataron de apedrearlo para mataron, a causa de la doctrina que enseñaba. Jesús estaba en Betabara, al otro lado del Jordán.* Mientras tanto, Marta y María enviaron un mensajero a decirle a Jesús acerca de la enfermedad de Lázaro. Jesús los oyó y dijo que:

'Esta enfermedad no es para muerte, sino para que el Padre sea glorificado, y que el Hijo sea glorificado por élla.' Jesús nos estaba diciendo que Dios estaba permitiendo la enfermedad con el fin de tener su nombre glorificado por medio de los resultados de la situación. Piensa en éllo, tal vez Dios te ha permitido pasar por esta crisis, problema o enfermedad, para que su nombre sea glorificado en tu vida a través de la solución, el milagro que Él proveerá para ti.

Entonces, Jesús decidió quedarse allí durante dos días más. Jesús sabía que el milagro ocurriera, Tenía que ser el momento adecuado. Las circunstancias no estaban listas para que el milagro tomara lugar. ¿Es este el momento adecuado para tu milagro? ¿O es que hay que esperar un poco más?

Finalmente, después de 2 días, Jesús llegó a Betania. Él les preguntó: "¿Dónde lo han puesto?" "En una tumba", dijeron. Lo llevaron a ver la tumba. Entonces, Jesús, al ver cómo el hombre era impotente ante la muerte, fue perturbado en su Espíritu y "Jesús lloró" (Jn.11:35). Fue impactado por su sufrimiento. Sintió compasión y empatía por éllos.

Mi amigo, con la misma compasión, Él ve tu necesidad. A Dios le interesa tu caso, tiene cuidado de ti. Él quiere ayudarte, si sólo puedes creer.

Entonces Jesús dijo: "quitad la piedra." Hubo un obstáculo entre él y el milagro: la piedra. Tal vez, en tu caso, no es una piedra física, pero podría ser la piedra de la duda, la piedra de la incredulidad, la piedra de la autosuficiencia, ó la piedra del orgullo. Puede ser la piedra del pecado, tal vez es la piedra de la falta de perdón, puede ser la piedra de la culpa y la vergüenza, pero Jesús te está diciendo ahora "remueve la piedra" y tú tendrás tu milagro.

Entonces, Jesús llamó a gran voz y dijo: "¡Lázaro!" Vemos que Jesús estaba siendo especifico de lo contrario todo el cementerio completo habría respondido. Esto se aplica a ti y a mí.

Al pedir un milagro, tenemos que ser específicos.

Tu puedes decir: "Padre, necesito un trabajo haciendo esto y lo otro. Necesito un coche de esta marca (dar las especificaciones). Necesito una mujer como tal, necesito un marido como tal, te necesito para restaurar mi matrimonio, necesito finanzas de _____ y que necesito tal cantidad de dinero para _____. Necesito que me cures de_____ (llene el espacio). Necesito que salves a mi hijo."

¿Entiendes lo que digo? Imita el patrón de acuerdo a tu necesidad. Jesús llamó a Lázaro a la existencia y él fue resucitado. Así que siga procede a llamar tu milagro a existencia.

Llama a la relación a la existencia, llama al trabajo a la existencia, usa la fuerza creadora de tu fe, y no dudes en tu corazón que llegará a pasar. ¡Alabado sea el Señor!

Una vez que reciba tu milagro, dale gloria a Dios. Dile a otros acerca de cómo Dios responde a las oraciones. Dios estará contento contigo por hacer esto.

Para reafirmar tu fe, repite estas palabras en voz alta:

> "Declaro que voy a confesar o decir lo que Dios dice acerca de mí. Voy a confesar sus promesas acerca de mí y mis necesidades. Voy a tener cuidado con lo que digo porque estoy de acuerdo con la palabra, que la vida y la muerte están en poder de la lengua. Dios honrará mi confesión y me dará el milagro que necesito, porque tengo entendido que la fe obra con la confesión. Amén".

Secreto XII

LA FE TIENE QUE ESTAR LLENA DE EXPECTACION

El recordado gran tele-evangelista *Oral Roberts,* tuvo como tema central: "algo bueno va a ocurrirte a ti", con el propósito de crear una expectativa en su público para recibir un milagro.

Veamos un ejemplo bíblico de la fe mezclada con la expectación y vamos a ver los resultados de la misma. Lo encontramos en el libro de Daniel, capítulo 3:17.

Nabucodonosor, rey de Babilonia, invadió *Jerusalén* con su ejército en el año 605 AD.

Él tomó los vasos del templo para su uso en la adoración de sus dioses. También tomó jóvenes de la nobleza de Jerusalén. Entre éllos estaban *Daniel y sus amigos.* Estos eran jóvenes brillantes.

*Danie*l era un gran erudito, y también lo eran sus amigos.

A causa de su sabiduría en la interpretación de algunos de los sueños del rey, que él nunca le dicho a *Daniel* lo que eran, *Daniel* fue tenido en gran estima por el rey.

Él designó a *Daniel* como gobernador de la provincia de *Babilonia*, y como jefe de personal de todos los estadistas de la corte.

Entonces, *el rey Nabucodonosor* decidió construir una estatua para el culto público. Dio un decreto declarando que todo aquel que no adorara la estatua sería condenado a morir en un horno de fuego.

Sadrac, Mesac y Abednego, los tres amigos de Daniel, juraron no adorar la estatua. Eligieron adorar sólo al verdadero Dios, el Dios de Israel.

Entonces el rey dio la orden para que el servicio comience y los tres amigos no se inclinaron ante la estatua.

Le dijeron al rey sobre esto y él se lleno de ira y por lo tanto, los condenó a ser quemados vivos en el horno de fuego que se había calentado siete veces más de lo que estaba acostumbrado. Pero los tres amigos respondieron al rey: 'nuestro Dios nos librará de tus manos o rey.' En otras palabras, estaban esperando que su Dios intervenga milagrosamente para proteger sus vidas.

Mira lo que paso. El rey ordena que sean aprisionados y echados en el fuego por los soldados más fuertes que pudieron encontrar. En el proceso de echarlos en el horno, los soldados murieron asfixiados por el calor.

El rey comienza a buscar en el horno y se pregunta: "¿cuántos fueron arrojados al horno, no eran tres? Los veo sueltos, desatados, y veo un cuarto varón, el cuarto se parece al hijo de los dioses." Entonces él ordenó a sus soldados para que los sacaran, y su ropa, ni su pelo, ni su piel había sido tocados por el fuego y ni siquiera olían a humo.

Así que éllos recibieron su milagro en ese día. Fueron librados de morir en el fuego, ya que así esperaba que fuera. Conforme lo esperaban así ocurrió. Fue hecho conforme a su expectación.

Así que mí querido lector, si tú estás pidiendo un milagro, este te será hecho conforme a tú el milagro que estas esperando.

Cuando plantes una semilla financiera con el fin de cosechar un milagro, hazlo con expectativa. Designa un propósito específico para tu semilla (ofrenda). Pon lo que esperas como cosecha de tu semilla y el Señor de la Mies, te la dará.

No dudes en tener expectativa cuando se trata de su fe. Es correcto esperar que tu fe tenga un resultado definitivo. Es decir, que tú crees con un propósito, con un resultado determinado en mente. Tú recibirás lo que espera recibir de las semillas que plantaste. Si no esperas nada, no residirás nada. Pero si tus esperas un resultado determinado, lo conseguirás.

Ampliando esto, cuando *la mujer con el flujo de sangre* se acercó a Jesús *para su curación,* élla dijo: "Si tan sólo pudiera tocar el borde de su manto quedaré sana" En otras palabras, espero que cuando toque la prenda, mi flujo de sangre será sanado. Espero que cuando toque su manto, quedaré sana. Y élla también. Dejo que su semilla se llenara de expectación. Cada vez que plantes a partir de ahora, recibirás tu milagro. A medida que uno planta su semilla, lo hace con un propósito y espera un resultado predeterminado.

Quiero que repitas esta declaración con el propósito de reafirmar tu fe:

"Declaro que mi fe está llena de expectativa.
Creo que mi nivel de expectativas determinará

la respuesta que reciba. Yo creo en un Dios grande que Él es capaz de responder a mis oraciones, incluso más de lo que yo pueda imaginar. Yo sé que Dios es capaz de darme una cosecha, de acuerdo con mis expectativas, en el nombre de Jesús. Amén".

CONCLUSIÓN

Espero que el tiempo que has dedicado a leer este libro haya servido para fortalecer tu fe.

Tu has aprendido que sólo puede tener verdadera fe si, crees que Él existe, y que es galardonador de los que le buscan. Tú has aprendido la importancia de creer no sólo con la mente, sino también con todo tu corazón o tu espíritu. Dios busca adoradores que le adoren en espíritu y en verdad.

Tú has estado expuesto a la verdad espiritual que los milagros pueden ser instantáneos o pueden ser progresivos. Tú has aprendido que la fe tiene dos polaridades: la creencia y la incredulidad. Pero, tu fe será más fuerte, cuanto menos duda exista. El milagro sólo se manifestará cuando tú creas sin lugar a dudas. Cuando tu fe es más grande que tu duda.

También has aprendido que hay tres hitos de la fe: Incepción, concepción y alumbramiento. Que este proceso es necesario que cada milagro y que el Señor estará contigo durante todo el proceso.

También hemos considerado que la fe no tiene fronteras, la fe actúa incluso a distancia. Que tu puedes orar por personas dondequiera que estén y tu fe funcionara de la misma manera, el Señor va a intervenir, y los milagros sucederán.

También hemos aprendido que la fe es como una toalla, se adapta a las diferentes necesidades. Es la misma fe que se requiere para cualquier milagro que estés pidiendo el Señor. La fe es el denominador común de todos los milagros.

Tú también has estado expuesto al principio de que nadie puede usar tu fe, sino tú. Solamente tú puedes usar tu fe y de acuerdo a tu fe te será hecho.

También has aprendido que algunos milagros no se manifestarán hasta que tu fe sea fuerte. Hasta que dejes de hablar cosas negativas en contra de las promesas del Señor, o hasta que creas más en el Señor que en las circunstancias. La razón del retraso en la manifestación del milagro podría ser también la debilidad de la fe, la falta de perdonar a nuestros ofensores, la culpa y la vergüenza, ó el deseo de imponer nuestro propio tiempo en el milagro.

Tú has aprendido también que a veces es necesario plantar una semilla para cosechar un milagro porque "todo lo que el hombre sembrare, eso también segara".

También has aprendido que la fe obra con la confesión, diciendo las mismas cosas que Dios dice sobre el creyente y sus necesidades.

También has aprendido que para que tú recibas un milagro, tú fe debe estar llena de expectación. La fe que obra es la que está a la espera de recibir una respuesta del Señor.

Mi querido lector, ve y pon en práctica estas lecciones y espera que milagros sucedan en tu vida. Y no te olvides de compartir los testimonios de los milagros que recibas y de dar a Dios la honra y la gloria.

Espero que este libro haya sido de gran ayuda para ti en tu comprensión de la fe y cómo funciona. Estaré encantado de escuchar los testimonios que tengas en tu experiencia en tratar con el Dios de los milagros. No dudes en ponerte en contacto conmigo Víctor Álvarez por e-mail a 12SecretsTestimonies@Gmail.com, Dios los bendiga.

Victor y sus esposa Margarita

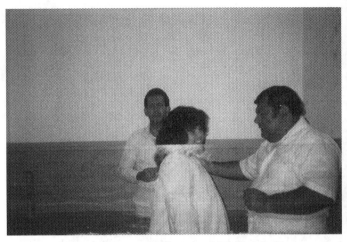

Victor Bautizando a su hija Rachel!

LOCALIZADOR DE REFERENCIAS BÍBLICAS

SECRETO I.

LA FE NO ES ASENTIMIENTO MENTAL

'Porque de él (el corazón) m
ana la vida' (bendiciones, milagros) (Prov. 4:23).

Romanos 10:10: *'Porque con el corazón se cree para salvación'.*

Dios *'creó al hombre a su imagen'* (Génesis 1:26

'adoradores que le adoren en espíritu y en verdad' (Juan 4:23).

SECRETO II.

LA FE ACTIVA LOS SENTIDOS ESPIRITUALES
(1 Samuel 17:46).

'leones y osos, y él había sido capaz de matarlos para proteger a sus ovejas' (1 Samuel 17:46).

Porque ¿quién es este filisteo incircunciso, para que provoque a los escuadrones del Dios viviente' (1 Samuel 21:26

'carne extraña' (Judas 1:7),

'Hasta ese momento, las plantas se regaban por el roció que se desprendía de la tierra' (Gen 2:6),

'solamente el mal estaba en el corazón y el propósito del hombre' (Génesis 6).

"hijos de Dios".

Gen 6: 1-6: *Nefilim.*

(Éxodo 14). *exilio por 40 años a la tierra de Madián* (Éxodo 2:12-15).

Así pues, por la fe *Moisés* liberó a la nación de Israel después de 430 años de esclavitud. Hubiera sido tan sólo *400 años*, como Dios había prometido a Abraham (Génesis 15:13).

río Nilo en sangre, la plaga de ranas, la plaga de piojos, la plaga de las moscas, la del ganado muerto, la de los forúnculos, la del granizo que los dejaron inmóviles, y la plaga del fuego, la de las langostas, la plaga de las tinieblas, y finalmente, la plaga de la muerte del primogénito en cada familia (Ex.8-11, 12:29-30).

Moisés obró las 10 plagas, pero el corazón de *Faraón*

'Voy a tocar el río con mi vara, y el agua se convertirá en sangre, todos los peces morirán, el río va a apestar y los egipcios tendrán náuseas si fueran a beber el agua'. Y sucedió que ocurrió como Moisés dijo (Ex.7:14-25).

'por la fe élla recibió fuerza en su vientre para concebir' (Roma.4:19).

'padre de muchas naciones' (Génesis 17:4-5).

Hebreos 11:6 *'Es pues la fe la certeza [la confirmación, el título de propiedad] de las cosas que esperamos siendo la prueba de las cosas que no vemos y la convicción de su realidad'*

esto se explica en Lucas 16:19-31

SECRETO III.
LA FE TIENE DOS TIPOS DE RESULTADOS: MILAGROS INSTANTÁNEOS Y MILAGROS PROGRESIVOS

'¿Puedes ver?' (Marcos 8:23)

'Veo los hombres como árboles que andan'

SECRETO IV. *La Fe Tiene 2 Polaridades*

'La fe viene por el oír y el oír por la palabra de Dios' (Romanos 10:17).

Santiago 1:17).

Marcos (9:14-29).

Un hombre vino a buscar a Jesús

el Monte de la Transfiguración

¿'Quién ha creído a nuestro anuncio'? (Isaías 53).

La fe',

viene por el oír'.

(Eph.1:3).

"logos" y el "rhema"

SECRETO V.
LOS HITOS DE LA FE

la mujer con flujo de sangre,

Marcos capítulo 5

(Marcos 4).

SECRETO VI.
LA FE NO CONOCE FRONTERAS

Capernaúm (Lucas7:1-10).

"pueblo de la comodidad".

Él creía en Jehová, y él creía que Jesús era el Mesías. (Lucas 7:1-5)

de Hebreos (12:2)
(Mateo 15:28).

SECRETO VII.
LA FE SE ADAPTA A LA NECESIDAD

"*Pero sin fe es imposible agradar a Dios*" (Hebreos 11:6)

¿Cómo fue que la mujer con el flujo de sangre sanada? Por la fe. (Marcos 5:28)

¿Cómo fue el siervo del centurión sanado? Por la fe. (Lucas 7:1-10)

¿Cómo se dividió el Mar Rojo? Por la fe. (Éxodo 14) 'Fue una oración pidiendo denuedo para predicar.

SECRETO VIII.
NADIE PUEDE USAR TU FE SI NO TÚ

Juan 1:1 dice: '*El Verbo era con Dios*'.

'*Tu fe te ha salvado*'. (Lucas 7:50).

'*Porque para Dios todas las cosas son posibles*.' (Lucas 1:37).

SECRETO IX.
LOS MILAGROS PUEDEN TOMAR TIEMPO PARA MANIFESTARSE

(Gen 3:15).

No cometas el error de que Sara y Abraham cometieron

Ex.13

Éxodo 14).

Faraón

dividiendo el Mar Rojo,

Ex 15).

(Mateo 14:26-33).

(Proverbios 18:20-21)

Mateo (6:14-15) *'Porque si perdonáis a los hombres sus ofensas, vuestro Padre celestial también os perdonará a vosotros.'*

En Marcos (11:25-26) encontramos: *'Y cuando estéis orando, perdonad si tenéis algo contra alguno, para que vuestro Padre que está en los cielos os perdone a vosotros vuestras ofensas.'*

SECRETO X.
LA FE REQUIERE QUE PLANTES UNA SEMILLA

Gen 8:22 dice: *'Mientras la tierra permanezca, la siembra y cosecha, frío y calor, verano e invierno, y día y noche, no cesarán.*

"No os engañéis, Dios no puede ser burlado: pues todo lo que el hombre sembrare, eso también segará.'

Gálatas 6:7

(Lucas 6:45).

"Porque de dentro, de el

Marcos 7:21 a 22

pensamientos, los

homicidios, los adulterios, las fornicaciones, los hurtos, los falsos testimonios y blasfemias.'

Mateo 15:19

'Porque del corazón salen los malos pensamientos, los homicidios, los adulterios, las fornicaciones, los hurtos, los falsos testimonios y blasfemias.

Marcos 7:21 a 22

Por que del corazón de los hombres, salen los malos pensamientos, los adulterios, las fornicaciones, los homicidios, los hurtos, las avaricias, las maldades, el engaño, la lascivia, la envidia, la maledicencia, la soberbia, la insensatez. "

"Porque de dentro, del el

Proverbios 3:9-10: *'Honra al Señor con tus bienes (posesiones), y con las primicias de todos tus frutos, y tus graneros se llenarán con abundancia, y tus lagares rebosarán de mosto'.*

Marcos 10:21 'Una cosa te falta: anda, vende todo lo que tienes y dalo a los pobres, y tendrás tesoro en el cielo, y ven y toma tu cruz, y sígueme.'

Lucas 6:38: *'Dad (planta una semilla), y te será dado (una cosecha); medida buena, apretada y remecida y rebosando darán en tu seno. Porque con la misma medida con que medís (la semilla), con la misma serás medido (la cosecha).'*

Proverbios 14:21

El que menosprecia a su prójimo peca, pero el que tiene misericordia del pobre feliz, lo es (bienaventurado)'

Salmo 112:5

Le irá bien al hombre bueno que trata con generosidad y presta, guiará sus asuntos con discreción.'

Marcos

12:41-44: *'Y Jesús se sentó frente a la tesorería, y miraba cómo el pueblo echaba dinero en el arca*

(Mateo 8:5-13).

(I Reyes 17:8-16).

'Dad, y se os dará', 'el que planta escasamente, escasamente también segará

SECRETO XI.
LA FE TRABAJA CON LA CONFESIÓN

Romanos 10:8

'la palabra de la fe (el milagro que están esperando o espera recibir) está cerca de ti, en tu boca.'

'di ó habla la palabra y mi criado quedará sano' (Mateo 8).

Por la fe entendemos que el mundo fue formado por la palabra de Dios, de modo que lo que fue hecho, se hizo de lo que no se veía.' (Hebreos 11:3)

San Juan (cap. 11).

resurrección de Lázaro

(Jn.11:35).

SECRETO XII.
LA FE TIENE QUE ESTAR LLENA DE EXPECTACION

Daniel, capítulo 3:17.

Nabucodonosor

Sadrac, Mesac y Abednego

Bibliografía Bíblica

REINA VALERA Antigua 1960
AMERICAN BIBLE SOCIETY
WASHINGHTON D.C., USA, 20090